失去的二十年

希望を捨てる勇気
停滞と成長の経済学

[日] 池田信夫 —— 著

胡文静 译

机械工业出版社
China Machine Press

图书在版编目（CIP）数据

失去的二十年：十周年珍藏版 /（日）池田信夫著；胡文静译 . -- 北京：机械工业出版社，2022.1（2025.6 重印）
ISBN 978-7-111-69582-0

I. ①失… II. ①池… ②胡… III. ①经济 – 研究 – 日本 IV. ① F131.3

中国版本图书馆 CIP 数据核字（2021）第 231568 号

北京市版权局著作权合同登记　图字：01-2011-6851 号。

NOBUO IKEDA. KIBU WO SUTERU YUKI.
Copyright © 2009 NOBUO IKEDA.
Simplified Chinese Translation Copyright © 2022 by China Machine Press.
Simplified Chinese translation rights arranged with Diamond, Inc. through Bardon-Chinese Media Agency. This edition is authorized for sale in the Chinese mainland (excluding Hong Kong SAR, Macao SAR and Taiwan).
No part of this book may be reproduced or transmitted in any form or by any means, electronic or mechanical, including photocopying, recording or any information storage and retrieval system, without permission, in writing, from the publisher.
All rights reserved.

本书中文简体字版由 Diamond, Inc. 通过 Bardon-Chinese Media Agency 授权机械工业出版社在中国大陆地区（不包括香港、澳门特别行政区及台湾地区）独家出版发行。未经出版者书面许可，不得以任何方式抄袭、复制或节录本书中的任何部分。

失去的二十年（十周年珍藏版）

出版发行：机械工业出版社（北京市西城区百万庄大街 22 号　邮政编码：100037）
责任编辑：顾　煦　　殷嘉男
责任校对：殷　虹
印　　刷：涿州市京南印刷厂
版　　次：2025 年 6 月第 1 版第 12 次印刷
开　　本：147mm×210mm　1/32
印　　张：9.75
书　　号：ISBN 978-7-111-69582-0
定　　价：69.00 元

客服电话：（010）88361066　68326294

版权所有 • 侵权必究
封底无防伪标均为盗版

| 前　言 |

日本 2009 年的大选结束，民主党大获全胜。时隔 15 年，日本实现了政权的更替。300 多个议席压倒性的胜利体现了日本国民自 20 世纪 90 年代以来对日本政治失败、经济停滞不前的强烈不满。日本国民对现状的不满情绪表达得非常充分，但这种不满将把日本经济引向何方，却仍然不清楚。

虽已过去多年，但之前那次政权更替的情景总是出现在我的眼前。1993 年 6 月 18 日，即宫泽内阁不信任案通过的那天，我正在日本广播协会（NHK），碰巧负责国会实况转播工作。自民党分裂？事出突然，好像是落语⊖中的包袱，观众们都在等着结句。但当听到会谈破裂，召开众参两院全体会议的消息时，转播车里顿时喧闹起来。那感觉像是听到历史车轮在轰轰前进。

⊖ 落语，类似于我国的单口相声，是日本的一种传统曲艺。——译者注

日本，终于要重新振作了。我当时是这么想的（估计大多数国民和我一样）。最高权力近在眼前，唾手可得，小泽一郎却选择弃自民党而去。没有风险，哪来突破？受他鼓舞，细川政权建立后没多久，我也辞掉了在NHK的工作。

但是，现在来看，结论下得过早了。10个月之后，非自民联合政权倒台，继而是自民党和社会党这样奇怪的组合上场。在野党不断分化，日本仍在"失去的二十年"里徘徊。而这次15年之后，新诞生的民主党政权，能否让人们长久以来的愿望变成现实呢？

现在做结论似乎为时尚早，但从民主党的宣言书中，确实看不到多么令人可喜的期待。16年前小泽宣称要建立"小政府"，而现在鸠山民主党则提出儿童补助金等措施，希望重新分配国民收入，建立"大政府"。但问题是，如今日本社会闭塞的现状和问题，通过寻求这种结果上的平等就可以得到解决吗？

从世界范围来看，日本国民的平均收入属于高水平。即使是"穷忙族"⊖（working poor），年收入虽然只有200万

⊖ 原指那些薪水不多，整日奔波劳动，却始终无法摆脱贫穷的人。但是随着逐渐壮大的"穷忙族"队伍，现在这个群体主要界定为每周工时低于平均工时的2/3、收入低于全体平均60%的人。这个定义又逐渐发展成一种为了填补空虚生活，而不得不连续消费，之后继续投入忙碌的工作中，而在消费过后最终又重返空虚的"穷忙"。——译者注

日元，却也是中国人平均工资的 5 倍。但与此相对的是，日本年自杀人数已经连续 11 年超过 3 万人，这个数字比第二次世界大战刚结束时的混乱期还要高。平均每 10 万人里就有 23.7 人自杀，自杀率位居世界第八，比 G7㊀中其他任何一个国家都高。所以我认为，日本当前的问题并不在于收入水平的高低，而在于日本长期的社会停滞导致人们渐渐失去了对未来的希望，他们对未来深感不安，这种不安感在不断扩散。关于时代的闭塞问题，早在 100 年前，石川啄木就曾写道：

> 围绕着我们青年的空气是不流动的。强权势力遍布国内。现代社会的各类组织也在发展延伸到每一个角落——它们不断走向完善的过程也就是这种制度本身存在的缺陷日益显现的过程。

这是他在"大逆事件"㊁爆发大受打击后写给《每日新

㊀ G7 国家包括美国、日本、英国、德国、法国、意大利和加拿大。——译者注
㊁ "大逆事件"又称"幸德事件"。1910 年 5 月下旬，反动政府镇压日本的社会主义运动。同年 6 月，当局开始大肆逮捕日本全国的社会主义者，封闭了所有工会，禁止出版一切进步书刊。从 1910 年年底到 1911 年 1 月，当局对被捕的数百名社会主义者进行秘密审判，诬陷日本社会主义先驱幸德秋水等 26 人"大逆不道，图谋暗杀天皇，制造暴乱，犯了暗杀天皇未遂罪"。——译者注

闻》稿件中的文字，只是当时并未刊登出来。1911 年 1 月，幸德秋水等人被处以死刑。1912 年，年仅 26 岁的石川啄木也离世远去。再后来，整个日本被军部引到了一条毁灭的道路上。现在这个时代，应该不会再发生同样的悲剧，但是那时的啄木置身闭塞时代的那种窒息感，和现时的我们是无异的。

2007 年，自由职业者赤木智弘这样写道："打破这种闭塞状况，为社会重新带来流动性，有一种可能，那就是战争。"在他身上我好像看到了啄木时代的青年将校急于打破闭塞状况去做"暴走族"的身影。当然赤木并非真的希望战争，但他希望靠个人自身的努力从闭塞的社会中逃脱的焦虑，同啄木是一样的。

要是在 40 年前，年轻人或许就选择加入学生运动了，而现在，这种激情已然褪去。因为现在已经没有能让他们激情澎湃的"理想宏大的愿景"了。在现实社会中，被社会主流排除在外的年轻人，只有在网吧里，在 2ch⊖ 的帖子上构建自己的虚幻空间。

在经济高速成长期，人人都有机会，人人都相信只要努

⊖ 日本一个巨大的 Web 论坛，每日有超过 1000 万用户在上面留言。2ch 基本上是一个非常巨大的留言板集合体，对日本社会影响力与日剧增。——译者注

力工作就会有回报，但是现在这种"抢板凳"的游戏已经结束了。正式职工的凳子全被老一辈的人占据着，年轻人找不到工作，只能选择一辈子当自由职业者，漂泊无依。

面对这样的情况，当前人们的观点大致分为两派：一派建议和工会联合，另一派则提议像赤木那样寻求"战争"。前者看起来好像非常有建设性，其实并不能带来什么。因为他们所要联合的工会，就是那群占着椅子不愿下来的人，有时工会也许会出于同情让你临时容身，但绝不会将椅子让给你。赤木认为唯有将整个"抢板凳"游戏体制全部摧毁才能解决问题，这一观点看似要引发混乱，其实把握到了问题的本质。

或许我们现在所处的境况并不是所谓的周期性经济萧条，而是像啄木若干年前窥到的那样，是大变动的开端。经济从发展到停滞，而后衰退，这是每一个国家的必经之路，而我们现在走到了最后一站。若能适应这样的变化，做到节制有度，倒也能质朴地生活，还顺应了绿色环保的潮流。日本是否也会像欧洲那样渐渐走向一个沉静有序但有阶层差别且阶层固化的社会呢？大部分的文明，好像都是这样步入成熟的：毅然抛掉明天会比今天更好的期待，学会知足常乐，然后意外地发现长期停滞期的生活也还算舒适安逸。不知是幸还是不幸，现在日本的年轻人已经有这种倾向了。

针对目前长期停滞的状况诊断开方本是经济学家的工作，但在日本，有关政策性的问题经济学家是一概不参与的。或许他们认为经济学家就应该写学术论文，这类偏重经济评论的工作应当交给那些经济评论者。但经济学本来就是一门"经世济民"的实用性学科，纯粹的理论研究没有任何意义。记得凯恩斯曾把经济学家比作牙医。

经济学家和牙医唯一不同的是，他不能凭借自己的力量解决经济问题。就像驾驶技术是大部分人需要掌握的东西，但开车的人没有必要知道车的制造过程。同理，并非要求每个人都要去写经济学论文，但总还是需要懂得经济学原理的人，特别是政策的相关负责人、法律方面或是行政方面的人员。如果没有大学式的学科知识积累是会出问题的。

从这个意义上来说，传播浅显易懂的经济学知识，为政策提出合理意见，这些事情和研究学问一样重要。凯恩斯在给他的恩师马歇尔写的悼文中就曾说经济学家的本职工作就是写实用手册。

> 所有的经济学家应当把著书立说的荣誉交给亚当·斯密。我们要做的就是抓住此时此事写实用手册。在历史的不断变化中写的小册子，就算有幸获得了不朽的声名，那也不过是抓住了当时的偶然。
>
> （『人物評伝』）

现在的日本，第二次世界大战后的产业结构和雇用体制已然走到了死胡同，目前面临的是涉及整个经济体制的问题，若仅从金融、财政等宏观政策层面着手或是仅看成劳资纠纷问题的话，是找不到出口的。日本经济自20世纪90年代以来一直停滞不前，眼看着"失去的二十年"也要走到尽头，我们还看不到出路。

政治家也好，握有实权的官僚也好，都没有意识到摆脱这种停滞不前的状态才是问题根本所在。这不免让人忧心忡忡，或许日本还是无法重新振作？还要再等上一个十年？现在还有人知道葡萄牙曾经是世界上的海上霸主吗？听莫扎特音乐的人会了解当时的维也纳是整个欧洲的中心吗？漫长的历史长河中，像日本这样的小国，即使有过短暂的辉煌，也终会被迅速遗忘吧。

上述这些思考我曾在博客或是杂志上发表刊登过，而本书则是经过全面整理后作为日本经济论重新与读者共享。书中的内容，涉及现代经济学常识时，我力求解说得简明扼要。书中不涉及过于艰深的专业性话题，有一些专用术语在每章结束后的"延伸阅读"中有详细解说。本书若能起到"实用手册"一样的作用，让更多人了解一些经济学的常识，笔者将深感荣幸。

2009 年 9 月

| 目 录 |

前　言

| 第 1 章 | **经济陷入长期停滞** | 1 |

　　经济长期下滑　　3
　　出口立国模式的"猝死"　　11
　　没有希望的国家　　22

| 第 2 章 | **失去的二十年** | 36 |

　　问题出在哪儿　　38
　　如何看待 20 世纪 90 年代　　53

| 第 3 章 | **经济政策的局限** | 66 |

　　财政政策的缺陷　　68
　　金融政策的功与过　　82

第 4 章　日式公司走向终结　93

公司是谁的　96
日式官僚社会的构造　103

第 5 章　"制造立国"的神话　118

"磨合优势"失灵　120
IT 总承包商的末路　128

第 6 章　创新和经济增长战略　143

股东资本主义的必要性　145
从回避风险到迎接风险　156
创新是什么　162
创造性破坏的可能性　170

第 7 章　不平等的真相　185

不平等出现的原因　187
新的身份社会　202
事后的正义　216

第 8 章　闲散富裕族　231

内部失业人员　233
蚂蚁的出路　249

第 9 章	**终身雇用的神话**	259
	终身雇用是日本的传统吗	261
	日式网络的局限	270
	雇用组合模式	277

后记 289

| 第 1 章 |

经济陷入长期停滞

这个国家什么都有。要什么东西就有什么东西,唯独没有希望。

——村上龙

很多人称现在这种状况为"经济大萧条"或是"百年不遇",但是情况真的有那么糟吗?第一个说"百年不遇"的是美国联邦储备委员会前任主席艾伦·格林斯潘,他在议会上说"现在正经历百年不遇的信用危机"。他所说的"百年"应该是从20世纪30年代的"经济大萧条"开始,真正算起来应该是"70年不遇"才对,而且,用词也过于夸张了。

在经济大萧条时代,美国的名义GDP减少了一半,失业率高达25%。现在虽然经济出现负增长,但失业率还没有突破两位数。而且,就日本来说,经济不景气主要是受美国金融危机影响,所引起的出口锐减基本上属于单纯的需求冲击⊖（demand shock）。处理这类实体经济问题向来就是日本企业的优势。20世纪70年代石油危机的时候，日本也是较早实现了经济的恢复。从这个意义上来说，这次日本经济所面临的问题远没有20世纪90年代的金融危机那么严重。

经济长期下滑

从需求冲击到缩小均衡

但是从另外一个角度来看，这次危机比20世纪90年代更麻烦。以汽车行业为例，90年代就好像是齿轮这样的传动装置（金融系统）出了问题，但引擎（出口产业）还是好的，只要把齿轮修好经济就可以复原。但是这一次日本经济唯一的引擎出了问题，马力不足，就算引擎修好了，也很难再回到之前的经济水平。

此外，从全球大环境看，国际上长期存在着经常收支不

⊖ 需求冲击是指经济体中影响到产品和劳务需求的事件。需求冲击通常会使总产出与利率和通胀率产生同向变动。例如，政府支出的大幅度增加将会刺激经济并提高GDP。它还会提高利率，因为这增加了政府对借贷资金的需求，就如同企业加大对新项目的融资需求促使利率提高一样。最后，如果此时对产品和劳务的需求已经相当于或者超过了整个经济的总生产能力，就会使通货膨胀率上升。——译者注

平衡的问题。如图1-1所示,从1999年开始,亚洲新兴发展中国家的经常项目盈余在不断增加,美国则是经常项目赤字在不断扩大,两者抵消后全球的经常收支才达到平衡。现在这个数字已达到了1万亿美元左右,其规模相当于全球GDP的2%,远远超过日本的国家预算。

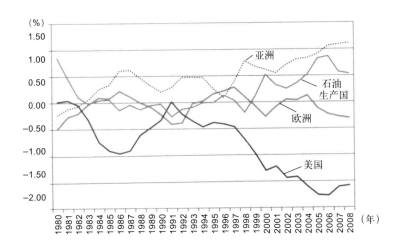

图1-1　全球经常项目收支不平衡

资料来源:IMF。

造成这种现象的原因有两个,一个是美国的过度消费,另一个是新兴国家过度储蓄。按照常理,美国的消费(或投资)超过新兴发展中国家所提供的金额时,利息就会上涨,但是事实上自20世纪90年代以来全球都在持续低利率状态。主要原因是新兴国家经济不断发展、收入增加，但由于国内投资市场狭小，过度储蓄大量流向了美国。

经常收支出现赤字，并非全无好处。就好像企业没有必要将负债清零一样，资金需要量大的国家向资金盈余的国家借点钱，这是对双方都有好处的事情。但是现在宏观经济失衡的规模之大是史无前例的。专家们都很担心这种状态究竟还能持续多久。尤其是美国，全球的过度储蓄都被这一个国家吸收了，美国的经常项目赤字已经占到了本国 GDP 的 6%，这是一个相当危险的数字。

世界性泡沫经济破灭后世界经济正处在从不均衡走向均衡这一过程之中。美国的经常项目赤字要控制在 GDP 的 3% 以下，才能基本实现维持的可能，所以，今后美国经常项目赤字将会下降一半。池尾和人曾以汽车业为例说明如下。

> 比如说，日本的汽车产业，国内 1100 万辆，海外 1100 万辆，合计有 2200 万辆的生产能力。日本国内需求最多 600 万辆。那么，国内市场之外如果找不到可以卖出 1600 万辆的海外市场，日本引以为豪的汽车产业的生产供给能力将无用武之地。

本来，美国市场有 1700 万辆的需求，但是这几年肯定会降到 1000 万辆左右。这种世界性供需缺口问题，不是日本政府能解决的。

（『ダイヤモンド・オンライン』）

也就是说现在汽车产业面临的萧条是因为销售上限也就是潜在产出量下降所致。以前潜在产出量为 2200 万辆，可是现在降到了 1600 万辆，这中间 600 万辆的差不是需求缺口，而是潜在产出量本身下降。所以就算政府增加财政支出，也无法令潜在产出量恢复原有水平，无法避免均衡水平的降低。

低迷的增长力

日本政府经济政策目的在于填补 GDP 缺口㊀，在这里有必要说明一下这个概念。实际增长率（也就是名义增长率

㊀ GDP 缺口，用以衡量一个地区在一段时间内的潜在 GDP 与实际 GDP 之间的差距。反映的是总供给与总需求之间的差距。

所谓潜在 GDP 指的是一个国家一定时期可供利用的生产资源在正常情况下可以产出的最大产量，也就是实现充分就业时会有的 GDP。一般认为，它是与最低可持续失业率相应的产出水平。它反映一个国家经济的潜力。

所谓实际 GDP 是用从前某一年作为基期的价格计算出来的全部最终产品的市场价值。它反映一个国家在当前失业率水平下的产出水平。——译者注

减去消费者物价指数）主要受两大因素影响。潜在增长率反映的是长期的经济走向，由资本、劳动的投入量与生产率决定。所以政府或是中央银行要想控制潜在增长率是很难的。当 GDP 出现短期缺口时，利用财政、金融手段还是可以起到一定的控制作用的。即

$$GDP\ 缺口 = 潜在增长率 - 实际增长率$$

比如说日本 2008 年的实际增长率为 –3.2%，潜在增长率为 1% 左右，这时政府可判断得出 GDP 缺口达到 4.2%。但就算通过一系列经济政策将缺口补上，经济增长率也不可能超过潜在水准的 1%。而对日本经济的长期发展起决定作用的还是潜在增长率，宏观经济政策作用毕竟有限。

简单明了地说，潜在增长率反映的是日本经济的实力。就好像一个马拉松运动员最好的成绩是 2 小时 30 分，但有时候可能因为生病或是受伤会跑到 3 小时。这个时候就一定要去找医生。这就相当于经济政策。但如果是因为平常的训练不够造成体力下降，那么不论看多少医生都无济于事，因为提升体力最根本的方法只能是练习。

换句话说，现在增长率低下，究竟是短期暂时的异常（GDP 缺口）所致还是属于长期性的趋势问题（潜在增长率的低下）？厘清原因非常重要，这关乎如何应对。分析增长

率变化的原因时，从长期、短期两方面分开来看，再施以必要对策，这是最近宏观经济学的新方法。因为这不是一味地在经济萧条期"扩大需求"就可以解决的问题。就好像一个成绩是 2 小时 30 分的运动员，不可能通过喝补品跑出 2 小时的成绩。

那么，代表日本经济实力的潜在增长率究竟处于什么状态呢？根据 2008 年《经济财政白皮书》的数据（见图 1-2），20 世纪 80 年代日本的经济增长率还在 4% 左右，到了 90 年代，这个数字出现大幅下降，降到了 1% 以下，2000 年后略有回升，但是近年来又开始下跌。白皮书里分析认为，现在这种情况再加上日本社会的少子化问题，潜在增长率非常有可能长期保持低迷。

就算 2009 年年度的预算补贴的乘数效应（财政支出带来国民收入增加的倍率）为 1，其在今后几年中的实际效果仅为 GDP 总量的 2.8%。假定年率为 –3% 以上时经济增长率为 –2% 左右。而且预算只能算是应急措施，政策结束后经济也不会得到很大改善。还有分析认为乘数效应不可能达到 1，在这种情况下的政府支出的经济效果只会比这还差。

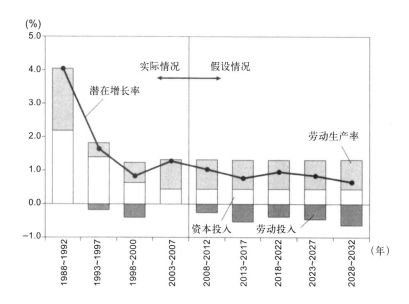

图 1-2　日本的潜在增长率

资料来源：经济财政白書。

增长率低下带来的影响相当深远。如果每年经济增长率都下跌 1%，那么 20 年后，就是下跌 22%。如图 1-3 所示，如果将 1991 年的水平定为 100，2009 年日本的实际 GDP 就是 120。这个数字和美国的 160，或是欧洲的 140 相比都差得很远。所以，我们可以推出日本的 GDP 在这 20 年来，比可能实现的水准低了 20% 以上。原因在于潜在增长率（代表经济长期发展能力）的长期低迷。这个问题比短期 GDP 缺口要严重得多，无法单靠经济政策解决。

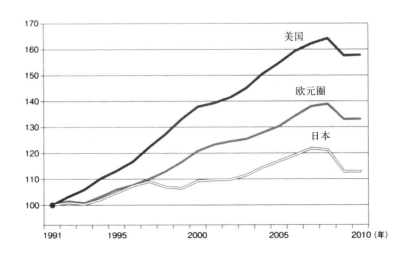

图 1-3　日本、美国、欧洲的实际 GDP（1991 年 = 100）

资料来源：OECD。

所以 20 世纪 90 年代就开始的"失去的十年"至今也没有结束，而且这种经济长期停滞的状态或许本身没有尽头。在 90 年代进入"失去的十年"时，很多人就在敲警钟，他们表示如果再不调整已经过时的产业结构，将会面临经济的衰退。但是政治家和各党派都没有意识到这个问题。现在已经过去二十年了，这么长时间都没能解决的问题，很难想象在接下来的短短几年内可以得到解决。

出口立国模式的"猝死"

进入贸易赤字的时代

2008年度的贸易收支赤字达到7253亿日元,日本时隔28年之后再度出现贸易赤字(见图1-4)。其中有一部分是需求冲击引发的,这在一定程度上可以缓解赤字。但是再也不可能恢复到2007年那种大幅度的贸易盈余状态了。不久经常项目收支(贸易收支加上利息、分红等收入所得)也将出现赤字。自20世纪80年代以来,日本经济就一直饱受诟病,发展不健全、过于依赖出口等批评的声音不绝于耳,如今不知是幸还是不幸,这个局面终于就要得到扭转了。

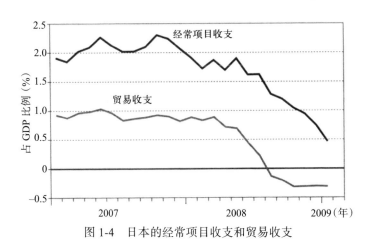

图1-4 日本的经常项目收支和贸易收支

资料来源:财务省。

其实，日本过于依赖出口这一说法，从 GDP 来看是不成立的。日本 2007 年的出口也才占 GDP 的 15% 左右。在经合组织中属于低水平，比美国还低。因为可以出口的商品受限，所以一般而言，越是大国，出口依存度越低。可现在的问题在于进入 21 世纪后的日本经济的恢复主要是靠出口带动的。

分析表明，2000 年以来经济增长率中将近一半都是来自净出口（经常项目盈余）的增加。20 世纪 90 年代出口占 GDP 10% 左右，但后来一下子增长了 5%。日本一直出口过剩，最大的原因是储蓄额长期超过投资额。

用下面这种方式可以帮助我们更好地理解这个概念，那就是国民收入统计中，

$$收入 = 消费 + 储蓄$$

$$支出 = 消费 + 投资 + 净出口（经常项目盈余）$$

所以当收入 = 支出时，则有

$$储蓄 = 投资 + 净出口$$

也就是，

$$储蓄 - 投资 = 经常项目盈余$$

所以，储蓄过度就相当于经常项目盈余。美国总是批评日本，认为日本国内贸易壁垒障碍阻碍产品进口，引起进出口不均衡。事实上并非如此，真实情况是日本国内的剩

余资金投向了海外。资金的进出称为资本项目收支，资本项目收支赤字就相当于经常项目收支的盈余。国内投资需求不旺，出口海外换来的资金满足国内投资需求之外尚有盈余，继而又投入海外。所以这两者总是一致的。

上述公式从会计角度来看为恒等式。所以净储蓄和经常项目收支不是单方面作用的。现在日本经常项目盈余锐减，如果不增加投资或是减少储蓄，收支无法达到平衡。但现在这个环境下不可能指望投资的增加，所以只有看储蓄是否会减少。事实上也的确如此，如图1-5所示，目前日本的

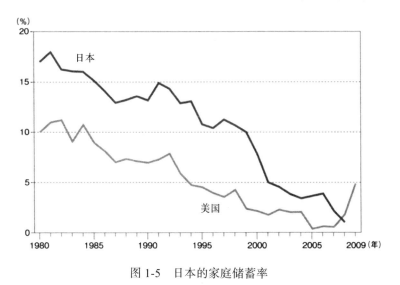

图1-5　日本的家庭储蓄率

资料来源：CEIC 他。

家庭储蓄率已经接近零，这个数值比美国还要低。家庭储蓄率的降低主要是因为社会的老龄化使得越来越多的人要依靠养老金生活，在结果上带来了经常项目盈余的减少。

总而言之，由于世界宏观经济的失衡状况得到了缓解（美国的过剩消费得到了一定程度的抑制），过去那种"内需不足，出口（外需）来补"的结构已经崩塌了。相应地，储蓄投资的平衡也开始渐渐在往缩小均衡（缩小经济规模保持收支平衡）的方向发展。现在全球经济都处在由不均衡转向均衡这一过程之中，所以日本不可能凭一国之力再回到过去。换言之，我们也应该认识到这绝不是暂时性的经济周期问题，而是长期性的问题，是GDP增长潜力过低的问题。

为什么生产力会下降

潜在增长率可细分为三个因素：资本投入、劳动投入和生产力。其中最重要的就是生产力。生产力从广义上讲指的是创新。创新从原因上来看可大致分为两方面：资本效率和劳动生产率。日本现在面临的最大问题就是劳动生产率的低下。2007年日本的劳动生产率在经合组织中排行20位，在G7中排名最末。

日本人一向以勤勉著称，生产率却比以懒散闻名的意大利还要低，这简直令人难以置信。但是将生产率细分到每个部门时就不难解开这个疑团了。生产率不仅与技术创新相关，还要看生产要素（资本/劳动等）的再分配能否灵活适应环境变化。比如说，生产率较高的部门占 1 成，生产率较低的部门占 9 成，两者生产率相差 2 倍，当前者的生产率上升 40%，后者生产率下降 10% 时，经济整体的平均生产率不会有任何变化。

如图 1-6 所示，制造业的生产率没有较大变化，而服务业生产率的增长率在 20 世纪 80 年代为 3.5%，到了 2000 年，

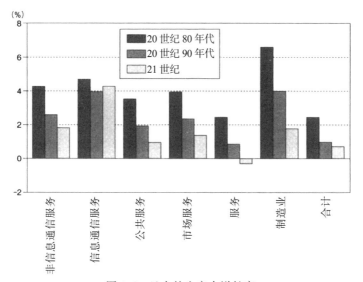

图 1-6　日本的生产力增长率

资料来源：OECD。

该数值降到了 0.9%，服务业在 GDP 中所占比例约为 70%，所以正是这个数值将平均生产率拉低了。查看部门详细的实证研究资料就会发现 90 年代各产业间劳动力和资金移动相当缓慢。

尤其是公共服务部门，自 2000 年后，劳动生产率一直处于负增长阶段，也就是说 20 世纪 90 年代生产要素从衰退产业到发展产业的移动脚步过缓，公共事业建设既耗钱又分布过散，其中效率低下的建筑业从业人口增加，这些都造成了日本潜在增长率大幅度下降。

分析这个原因有必要回到 20 世纪 80 年代。70 年代，日本经济从石油危机的打击中很快恢复并发展起来，到了 80 年代，日本制造业称霸全世界。这时美国却陷入通货膨胀和失业的泥潭中，超大型企业也面临运营危机，那时正是所谓的美国经济"衰退期"。

但是以 1990 年为分界点，日美双方经济局势发生了急剧转换。随着泡沫经济的破灭，日本企业走向萎靡不振，美国经济重获生机。我们认为 IT 革命是美国经济发展的原动力，是电脑、网络带来了美国经济的复活。但这其实是因果倒置，所谓信息革命，其实是美国经济结构转换的结果。

1982 年美国电话电报公司（AT&T）的分拆可看成 20

世纪 80 年代信息革命的起点。自此竞争被引入通信业，网络和手机带来了美国经济的复苏。80 年代还是计算机业的转折时期，1981 年 IBM 个人电脑的发行打开了个人电脑的时代大门，后来 IBM 渐渐没落，形成以微软及英特尔为中心的新的行业规则。

而在这个时候，日本却在固守"第五代电脑"这种重厚长大型的技术。在计算机领域，NEC 的 PC-9800 和其他地方规格展开激烈竞争。日本电信电话公社㊀后来民营化了，但是 NTT 垄断地位过于强大，通信设备都是"NTT 系列"，属于地方规格，不便与世界市场联系。这种"加拉帕戈斯技术"㊁锁国的结果就是在日本有很多"IT 大承包商"没被市场淘汰，产业结构仍然是制造业主导型。

大家都说 20 世纪 80 年代是日本的黄金时代。但现在看来，日本企业的成功不过是 20 世纪传统产业结构创造的最后辉煌。另外，在美国，旧式的大企业退出舞台，新兴的 IT 企业登场，经济结构进入到调整期。所谓的"IT 革

㊀ 日本电信电话公社（Nippon Telegraph and Telephone Public Corporation，NTTPC），简称"电电公社"，曾存在于日本的特殊法人，主要业务是电信、电话服务。该组织是现在的日本电信电话株式会社（NTT）之前身。——译者注

㊁ 加拉帕戈斯技术，商业用语，指的是在一个孤立的环境或是市场下寻求最优化后和外界处于隔绝不通的状态。该词诞生是因为日本、韩国的手机市场采取同世界其他市场不一样的标准。——译者注

命"其实就是经济结构调整之后的结果。日本只模仿了结果而没有实现产业结构的调整,持久的创新体制没能在日本生根。

结果就如我们在图 1-6 中所看到的那样,日本信息通信(information and communications technology,ICT)服务的劳动生产率的增长率一直低迷,徘徊在 2% 以下。日本 ICT 机器在世界的市场占有率还不到日本经济 GDP 的 8%。这和占世界市场 16% 的汽车行业形成了鲜明的对比。尤其是在个人电脑和通信领域,中国台湾地区和韩国的成绩都远比日本出色,在 ICT 产业上,制造业的那种出口立国模式彻底失效了。

空洞化的后果

谈起日本和中国的工资差距,虽然各个部门数据不一,但是从单位劳动成本来看(考虑生产率因素)两者之间差距可达 10 ~ 20 倍。这本身并不是什么坏事。以不到日本国内工资 1 成的工资成本就可以进口到成形商品,企业仍然有利可图,消费者也可以花更少的钱买到心仪的商品。

但问题是国内的劳动者将会面临工资下调的压力。比如说做 T 恤,在日本,每小时人工费为 1000 日元,新兴发展中国家是 100 日元。那么要想和它们的产品竞争的话，就必须把日本的工资降到之前的 1 成。但是在日本，100 日元/小时的工资根本就招不到人，所以企业只有放弃在日本招人的想法。结果就是劳动力转到其他部门，T 恤则全部转成从新兴发展中国家进口。

这就相当于新兴发展中国家居民移民到日本生产 T 恤。这就是"要素价格均等化"。虽然没有直接进口劳动人员，但是通过贸易实现了廉价劳动力的间接进口。

如果日本国内劳动力的流动性较高，日本人可以从竞争激烈的部门退出转向其他部门，这样一来劳动供给过剩，工资就会下降。但是实际上，在日本国内，劳动力并不是自由流动的状态，每个部门的劳动生产率也都不一，所以虽然中日两国的工资不太可能完全一致，但趋向一致的压力却是一直存在着的。调低名义工资会面临相当的难度，所以我们常常在现实中会看到以下情况：

（1）生产基地向海外转移；

（2）用非正式员工⊖代替正式员工；

（3）降低汇率。

⊖ 正式员工（无限期雇用的劳动者）以外的员工一般称为"非正规劳动者"，为避免该名称给人"不正规"的暗示，本书将全部称为"非正式员工"。

第一种情况并不一定是坏事,跨国企业的收益也很大。但是从雇用这一角度而言会引发"空洞化"的现象,从事简单体力劳动的劳动者会面临着工资下降的威胁。在激烈竞争之下制造业出现了海外生产的倾向,长此以往,国内产业的生产性能会与海外出现很大差距。

第二种情况则是无法避免的。全球化带来了全球劳动力市场的开放,继续强化派遣劳动等规制只会使雇用机会更多地流向海外。

在中国大连现在出现了很多日企的人才后援中心,他们在积极地招聘日本员工。招聘广告上写着"年薪 5 万人民币起"。1 元人民币≈约 15 日元的话,也就是年收入 75 万日元。"巴士交通费 =1 元,食堂午饭 =5 ~ 8 元",中国的物价是日本的 1/10,从购买力平价来看,中日两国的员工几乎没有什么区别。只是在中国不论存多少人民币,返回日本时都会缩到 1/10。

即使这样,还是有很多日本人前去应聘。因为在中国讲的是实力主义,不论劳动者的年龄,哪怕是在就业冰河期㊀沦为自由职业者(即所谓的"迷惘的一代")在应聘时也不

㊀ 1995 ~ 2005 年,因为"泡沫经济"的破灭,日本经济处于每况愈下的境地,就业形势严峻,被称为"就业冰河期"。——译者注

会受到任何限制。外购发展到今天，劳动者也成为交易的对象。现在全球的工资都面临下调压力，并且今后这种压力将会一直持续下去。

第三种情况则是在日本的经常项目赤字非常大时才会发生。由于外汇并不是仅靠对中经常项目收支决定的，再加上日本的赤字还不算特别大，所以不太可能出现日元大幅度贬值的情况。但不管怎么说，仅靠外汇也不可能填满高达 10 倍的工资差距。

还有一种情况就是可以向高附加值产业转移。但在这点上我持比较悲观的看法。IT 行业还有生物行业没有多少雇用需求，不能吸收劳动力，也不是日本企业的优势领域。所以最后只有将雇用转到一些服务性领域（在这里不会与中国发生竞争），同时下调部分工资。

美国自 20 世纪 80 年代以来一直在做的"服务经济"，其实也就是这个意思。面对外来的进口商品和竞争压力，制造业转移海外，造成国内岗位越来越少，没有工作的劳动者只有转向流通等服务业。结果就是简单的体力劳动者供给过多，工资下降。沃尔玛员工的平均工资还没有通用汽车的一半，也没有成立任何工会组织。最后企业通过转移劳动力并下调工资存活下来，却带来了收入差距的不断扩大。

没有希望的国家

生活共同体的解体

日本的劳动力市场非常僵化，产业结构的再调整面临重重困难。对正式员工的保护过度所导致社会不平等问题进一步加大，使得日本经济陷入长期停滞。以上这些都是经济学家们的共识。但是去规制化后，已经习惯之前那种劳动力市场的劳动者们能否适应新的状况，做到在企业间来去自由吗？另外，这真的会给他们带来幸福吗？

变化并不会马上到来，但是这种趋势却是谁也阻止不了的。不论情感上是否接受，企业及相关的调整体系在第二次世界大战（以下简称二战）后曾经作为中间集团是日本社会的中心力量，但现在它们的向心力在逐渐减弱，社会正在被个人分解，这些趋势是不可逆的。全球性的资本主义破坏了传统的区域社会。《共产党宣言》中提到，古老的民族工业被消灭了，并且每天都还在被消灭。它们被新的工业排挤掉了，新的工业的建立已经成为一切文明民族的生命攸关的问题……过去那种地方的和民族的自给自足和闭关自守状态，被各民族的各方面的互相往来和各方面的互相依赖所代替了。

这写于1848年，但是他们预言得太早。"民族工业"遭到摧毁，全球"各民族之间相互依赖"，这是现在才开始发生的变化。马克思肯定了这种变化，他认为资本主义将在世界范围内摧毁封建土地所有制和传统的共同体。并且在此之后，他还展望到全世界的无产阶级的结合，他们摧毁资本主义，进行世界革命。然后资本家的私有企业将被纳入社会化大生产的过程当中，最终成立起劳动者的共同体——"自由王国"。

奥地利经济学家哈耶克预言并论证了社会将会被个人分解这一观点。不同于一般保守派给人的感觉，他认为英国保守党所尊崇的"传统"不过是既得权利的别名，对这种部族社会道德大加批判。哈耶克将近代社会称作"Great Society"（大社会），就是为了区分地域性的部族社会，他认为"大社会"的道德不同于部族社会的道德，是在普遍的法支配下形成的。

正如哈耶克看到的那样，能够维持大社会正常运行的只有价格机制。它在增加人类财富这一点上取得了史无前例的成功。但收入的增加同时也带来了压力的增大，人们的生活陷入不安，精神上处于绝对的孤独。老人们困在公司这一共同体之中，他们渴望交流沟通，而年轻的派遣员工则求助于手机或电脑宣泄自己的孤独。

但是哈耶克没有提到传统的部族社会在交流中所起到的媒介作用。人们正月回老家探亲时总能感受到不同于东京的那种氛围，古稀老人们或许未曾相识但亲切友好，让人心情舒畅。今后日本这种亲密的共同体也将渐渐解体，整个社会将会向着强调个人能力的方向发展。哈耶克曾预言这种趋势是不可避免、不可逆转的，现在看来正确无疑，但是人们究竟能否因此获得幸福，答案尚不确定。

放弃日本

产品的数码化带来产品周期变短，企业经营处于时刻变化中，劳动需要也时有变动。但是在日本公司内部仍然保留着经济稳定增长时期的农本主义的秩序，公司内部员工每天都能感到那种需要同集体保持一致的压力感。他人对自己的评价会在公司内部口口相传，说不定哪句话就会成为今后升职的障碍，所以人们在职场里有太多想说而不能说的话，压力越积越大。最后能够排遣这种压力的也就只有小酒馆或是宴会上开怀畅饮的时候了。

在日本，2ch等非实名制的论坛以及相当数量的匿名博客都成了这种压力的宣泄口。欧美人写博客更多的是为了表明自己的某种观点，日本人写博客则是为了列出自己在人前一直想骂又骂不出的话。经常上博客的人，在现实生活中往往是被共同体排除在外的自由职业者。于是我们再次看到了典型传统的日本人的形象：人以群分，遇见不同于自己群体的就"村八分"㊀，对其加以驱赶排除。

然后日本出现了世界上其他任何一个地方都没有的景象。在这种巨大的负面能量作用下，我们看到的是一群软弱的工薪阶层和年轻人，他们面对自己所遭受的不合理的现状丝毫没有反抗之心。这也是二战后日本企业体系的镜像。日本发展成这样，就是因为日本企业这种家长式的结构，还有从不反抗只知在酒馆或是网络上寻求发泄的软弱的工薪阶层。

2ch 和"网络书签"（hatena）就成为这些卑怯者最好的宣泄工具，他们无须背负任何责任，就可以在网上大肆开骂。有人分析说警察之所以不取缔 2ch 就是因为取缔之后可能会出现更多类似的地下网站。所以保留这些网站或许

㊀ 村八分是日本传统中对于村落中破坏成规和秩序者进行消极的制裁行为的俗称。村八分的内容是将人们共同生活的十件重要事情中，除了协助埋葬（尸体放置的话会有尸臭甚至引发传染病）以及灭火（置之不理的话会延烧）这两件事情如果置之不理可能会给他人带来麻烦外，剩下的八件事情（成人礼、结婚、生产、照顾病人、房屋改建、水灾时的照顾、每年的祭拜法事、旅行）完全不同受罚者进行交流及协助。——译者注

是相当有意义的，人们需要一个出口来宣泄对社会的不满情绪。

如果今后经济长期停滞，再加上少子化，也许零增长就将是日本国民必须学会坦然面对的现实。这么狭小的国土装下 1.03 亿人口本来就已经够挤了，所以少子化未必毫无益处。但是随着老年人退出社会，后面的一代人要面对的是超过 860 万亿日元的政府债务和平分到每人头上的高达数千万日元的养老金亏空。

2005 年选举的时候，民主党打出的标语是"绝不放弃日本"，最后败给了小泉首相，冈田克也代表后来辞职。现在民主党终于完成了夙愿，实现了政权更替，提出了"国家战略"，但是这个战略中我们仍然看不到日本未来的方向。

一方面在不断高喊"打破官僚主导""消灭浪费"，另一方面又实行儿童补贴和高速公路免费的政策，可见民主党还是对之前的那个高速经济增长期的日本念念不忘。或许民主党也应该学会放手，毕竟现在不可能再像过去那样取悦每一个人了。

"社畜"⊖

从历史上来看，自由职业者本算不上"非正式雇用"。商人、技工都是凭自己本事过活，本就不属于安定的状态。认为契约、承包这类工作性质就低人一等的想法也是不对的。在产业资本主义时代的英国还有19世纪的日本这类工作都属于"正式雇用"。只是在第一次世界大战（以下简称一战）结束之后随着重工业的发展，工程由大型工厂垂直统合管理，职工也通过签订合同成为专职稳定的工作人员，也就是在资本主义中企业成为一个计划经济性质的组织。

但是现在世界上正在经历另一次巨变。过去是在一个工厂中完成某项工程，而现在IT产业分散在全球各地，几乎所有的中间产品都在世界范围进行调配。过去处理事务要把人们聚到某一办公室，现在哪怕人在地球的另一端，只要有网络，都可以工作。在对自由职业者进行问卷调查后，我们发现也不是所有人都因为自己这种工作状态缺乏稳定性而深感不安。也许随着IT化、全球化的进一步发展，有一天我们或许会发现现代商务中，自由职业者才是正式劳

⊖ 社畜指在公司的员工被企业圈养后丧失自己的意志或良心的状态，是从日文的"会社"（公司之意）和"家畜"（家畜之意）这两词构造而来，具有批判色彩。——译者注

动者,终身雇用的工薪阶层反倒不再正式了。

所以我们需要的是本质上的改革,即要禁止以雇用形态不同为由制定不同的解雇限制这种带有歧视性的做法,要让所有劳动者都站在同一起跑线上,转为契约的雇用形态。需要废除年功序列制,实行同工同酬以及退休金个人账户制度,废除一次性退休金。让所有劳动者都享有平等的机会。完全放开职业中介业,在民间建立完善共享的雇用数据库。现在在经济合作发展组织(OCED)各成员国中,日本的劳动生产率水平很低。通过对劳动力市场上的人力资源进行再分配,可以有效地提高日本的劳动生产率。

但是每当冷静下来思考雇用问题时,人们就会面临一个巨大的思想障碍。我们总是觉得"劳动者是弱势群体,是被资本家榨取剥削的对象,政府需要支援他们"。这种固定观念深藏在人们的心中。格里高利·克拉克在《10万年的世界经济史》一书中对经济史进行了计量研究,否定了这种观念。

克拉克书中的数据显示,产业革命之后,英国高速的经济发展带来的财富大部分都分给了简单体力劳动者。这是因为劳动力市场竞争越来越激烈,劳动生产率的不断提高带来了工资的不断上涨。根据边际生产力理论,在竞争激烈的劳动力市场上，工资将趋向劳动的边际生产力。

直至现在，日本厚生劳动省㊀的官僚们还是认为终身雇用才是最理想的状态，战前的那些劳动者都是处境悲惨的"非正式员工"。但事实绝非如此。例如在《富冈日记》一书中我们可以看到，明治时期在工场做工是一件非常骄傲的事情，因为能够从外国人那里学到技术的同时还可以进行创造性的工作。《女工哀史》里讲到劳工工资问题，但他们的工资比一般贫苦农民还是要高很多的。当然，当时也还有一些劳资纷争的，但是站起来进行反抗的不是长期雇用的工薪阶层，而是自由劳工。他们有引以为傲的手艺，并不期待终身雇用，不希望一辈子受某一公司的支配。

要想提高工资，最根本的是要提升劳动生产率。因此，唯有将竞争引入劳动力市场，下调失业率，向劳动者提供更多更广的可供选择的公司才是长久之策。

有一部分人将这种改革称为"新自由主义"，这种论调是因为他们还是局限在老式观念里面，认为一辈子和一个公司绑在一起，成为"社畜"是最理想的状态。而且，大

㊀ 厚生劳动省是隶属日本中央省厅的部门，是日本负责医疗卫生和社会保障的主要部门。——译者注

部分调查结果显示，日本大部分的工薪阶层都对自己的公司抱有强烈不满，只不过迫于没有转职的机会才待在公司里的。

将"社畜"美化为"家庭主义"，这是从财界到工会的通病。在既得权利外围的自由职业者从来就不相信这些说辞。在全球水平分工的大背景下，日本公司员工文脉技能㊀价值过低，可复制的专门技能变得尤为重要。或许我们的时代正在一步步回到自由劳动者的时代。

丸山真男㊁的耳刮子

2007年年初，《论座》里刊登了一则小文《我也想扇丸山真男耳光》，一石激起千层浪，成为社会热点话题。作者是赤木智弘，31岁，自由职业者。其实内容和丸山真男没太大关系，只不过是拿他来说事。细看内容，可以说是对战后民主主义的批判。赤木智弘在书里这么写道：

㊀ 文脉职能，指的是在公司内部积累的业务经验，同在企业之外通过相关教育机构可以学习到的专门技能相对。——译者注

㊁ 丸山真男（1914—1996），日本政治学家、思想史家，日本东京大学法学部政治思想讲座教授，专攻政治思想史，被认为是日本战后影响力最大的政治学者。曾被派往平壤战场，在当地受到一等兵的欺凌。——译者注

泡沫经济破灭后，整个日本社会、企业还有劳动者，都在绞尽脑汁去想怎么避害。公司简单粗暴地要下调用人费用，工会为保饭碗也不再要求涨工资。于是双方在停止招新人这一问题上达成共识。

然后，一方面，社会对中老年人深表同情，因为他们整天生活在可能会被裁员的阴影之中。另一方面，那些找不到工作、为生存不得不从事廉价劳动的自由职业者的悲惨境遇却无人关注。因为一开始就没有工作，所以现在这种状态无非是之前状态的持续，算不上问题。

1944年，当时30岁的丸山真男接到了召集令。他曾经有过思想犯的前科，所以作为二等兵被送往平壤战场。在那里这位东京大学的精英受尽连中学都没上过的一等兵的欺凌。

丸山曾说："陆军和海军相比，那就是'伪民主'。"兵士的阶级决定着序列，这和我们现在所处的情况不是一样的吗？现实的社会也是这样一个"假面的民主"，迈入社会的那一刻，在社会中的序列就已经排好了。当今社会，有一群人注定永远都排不好队，对他们而言，战争才是希望之光，战争把现实推翻搅乱，这样说不定他们也可以像一等兵似的，站在新的队伍里，有机会给丸山真男一记耳光了。

在贫困和不平等的现实面前，将希望寄予战争，赤木智弘这群年轻人的想法和昭和时代的年轻人一样。

对此，我感触颇深。当然我知道他们并不是真的期待战争，但是这篇短文确实抓住了战争的本质。所谓和平，其实质就是既得权利得到保护。民主主义或是资本主义在口头上都将平等（机会平等）作为口号，但是对于没有资本的人而言，机会根本不可能是平等的。所以唯有打破现状，重建秩序。

法国人类学家皮埃尔·克拉斯特尔曾指出，"原始社会"并不像我们以为的那样和平美好，那也是一个战乱频繁的社会，不同部落之间常常会发生战争。正是因为没有和平，所以社会秩序在不断地变化，掌权人不断被杀，国家得不到统一（有点像现在非洲的状态）。法国学者德勒兹和瓜塔里称这样一种原始的社会状态为"战争机器"。

这种战争的状态一直持续了数十万年。在漫长的岁月中，人类从事狩猎并不断迁移。直到1万年前，人们进入定居生活，这时才开始意识到要尽力避免由国家发动的战争。如果你去过猿山，你就会知道类人猿中也存在着阶级。泡沫经济破灭后日本陷入"战争状态"，我们花了100万亿日元换来的和平就和猿山的和平一样。

赤木在文中举了丸山真男的例子。丸山同时代的年轻人被卷入了战争，但事实上并非所有人都是心不甘情不愿地去参战的。看看当时的记录就会知道，当时有很多年轻人来自穷苦的农村，他们想要在战场上建功立业，这种热情驱使他们奔赴战场。丸山很鄙视这类兵士，并且把战争的元凶归结为以天皇为顶点的"超国家主义"身上。但是战争机械其实是根植于人们的大脑记忆深处的。所以或许可以说，赤木比丸山更准确地抓住了战争的本质。只要二战后这种伪装的和平状态一天不破，自由职业者就不会迎来明天。

··························· **延伸阅读** ···························

长期关系

日本的雇用机制是建立在双方长期存在相互约束这一基础之上。这里可以用一个游戏理论来说明。如图1-7所示，右上的数字表示游戏者A的利益，左下显示的是游戏者B

的利益。这就是非常有名的"囚徒困境"案例,实际上两个犯人合作(C)会比相互背叛(D)更有利于双方当事人。但是按照理性行动,双方最后都会选择背叛对方。这种悖论在游戏只进行一次的时候是无法避免的。

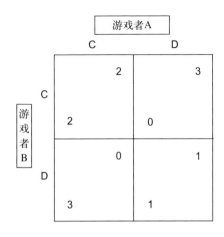

图1-7 "囚徒困境"案例

但是如果游戏模式反复多次进行,就可以有应对的方法。第一次游戏者A背叛对方后可以暂时得到指数为3的利益,但是第二次的时候,对方游戏者B出于报复也会反过来背叛A,这时双方的利益都变成了1,所以长期来看,游戏者A的利益就变成了

3+1+1+…

如果双方合作，长期利益则是，

2+2+2+…

也就是说当游戏持续3次以上时，合作会对双方更有利。一般而言，保持长期合作的关系有利于带来长期的利益。当双方都开始维系这种稳定的长期关系时，就不会再去想怎么设陷阱去得到暂时的利益，而是期望通过相互合作来维系长期关系。

系列关系和长期雇用的模式，都可以通过这个游戏——合理行动的理论来进行说明。每个人都期待经济能够持续高速发展时，人们都会更加看重长期的利益而不是短暂地捞一笔。所以年轻时从打杂开始干，岁数越大工资越多这种年功序列制是有其合理性的。

但是问题是现在日本情况已经发生了变化。一方面，日本国内经济迅速发展的时代已经告终，长期利益开始减少，同时全球化也切断了这种长期联系。通过海外生产来降低成本，这种短期利益显然更加吸引人。在这种情况之下还想通过长期利益来控制管理企业或是员工就会变得非常艰难，所以现在我们需要新的制度，通过契约或是所有权来控制资本市场或劳动力市场。

资料来源：ロバート・ギボンズ『経済学のためのゲーム理論入門』。

第 2 章

失去的二十年

> 通常人们失去朋友不是因为拒绝借钱,而是因为借了钱。
>
> ——叔本华

现在美国银行持有大量不良资产，这个状况和 20 世纪 90 年代的日本极为相似。日本迷失在"失去的十年"后，一度成为全世界的笑柄。但最近迹象显示世界对日本的评价开始有所好转。因为日本银行不良资产达到顶峰时也就是 GDP 的 35%，而美国银行现在已经超过 40%。另外，日本房地产的泡沫也比美国要轻微得多。虽说日本实施的一系列政策都饱受诟病，但是现在看来，其他国家也拿不出什么更好的政策应对。

金融自由化之后出现经济泡沫，这是任何一个国家都会出现的现象。日本的遭遇并不是特例。另外从规模上而言，日本初期的泡沫规模也不是特别大。在日本泡沫经济时期，还有一些经济学家为异常的资产价格正名，说这是"新范式",是很正常的现象。那时没有人料到泡沫经济会崩溃。现在回过头来看,不论是泡沫繁荣期还是泡沫崩溃期,那段疯狂的日子都会让人觉得难以置信,但那个时候却没有任何人表示怀疑(或许正如我们现在的处境),更没有人知道应该如何应对。所以,我认为有必要重新审视那段历史,重新审视的意义并不是要去做事后诸葛亮,而是要把这段历史当作参考,吸取经验。

问题出在哪儿

泡沫是可以避免的吗

日本泡沫经济的直接原因就是1985年9月的广场协议㊀。会上五国决定联合干预外汇市场,下调美元对其他货币的汇率,结果日元从之前的1美元兑240日元涨到了1美元兑150日元。当时的大背景是美国背负的巨额财政赤字引起世界经济动荡后,各国开始干预外汇市场。

日元升值之后,日本的出口情况严重恶化,尤其是钢铁、造船等"重厚长大型产业"失去了传统优势,竞争力

㊀ 广场协议,是美国、日本、英国、法国、联邦德国五个工业发达国家的财长和央行行长于纽约的广场饭店秘密会晤后签署的协议。——译者注

急剧下降。

当时日本政府正处在财政重建时期,希望通过放宽金融政策以应对"日元升值萧条"。结果1987年日本法定利率降到了2.5%,创历史新低。另外,当时日美贸易不均衡已成为日美之间的一大政治问题,美国再三要求日本"扩大内需"。地价上涨、税收增加、财政支出扩大,结果造成日本国内市场流动性大量过剩。

还有一个原因就是1984年,日元-美元委员会推动的金融自由化。当时日本仿效欧美,实行银行和证券的融合,放宽对银行业务的限制。证券业由于阻力较大,放宽限制改革进展缓慢,但是在某些政策层面上容易操作的部分都得到了一定程度的缓和。尤其是存款利率自由化后,引发银行之间的竞争,竞相上调企业大额定期存款利息。

这导致日本银行筹资成本过高,大量资金涌向高利息、可融资的不动产和建筑方面。而日本之前地价就一直是只升不降,流行着所谓的"土地神话",当时只要有不动产的担保,不经审核银行也提供融资。最后造成企业投资过剩,加速了泡沫经济的发展。

日本银行由于没有采取预防性的金融紧缩政策而饱受批评,但中央银行的职责本是对物价进行监管调控,资产价格并不包含在物价指数里面。泡沫经济时期,大家的普遍心态是"今后还会涨的,现在算是便宜的",所以究竟哪种价格才算是合理的,在当时确实很难断定。

当时有不少经济学家出来为异常的资产价格做解释。"政策构想论坛"认为,当时地价高涨是日本经济股票化的结果,之所以不能按照收益返还是因为房租过低。这个主张与经济学理论,即与"今后的房价是由目前对未来租金的贴现值决定的"这一规律是相违背的。当理论和现实发生矛盾时,学者们或许也只能让理论向现实靠拢。

还有学者发表言论认为,按照托宾 Q 比率[⊖],以当时的地价为基准来看股价并不算高。这类言论现在来看未免过于滑稽。但在当时,日本几乎没有人会料到泡沫崩溃。虽

⊖ 由诺贝尔经济学奖得主詹姆斯·托宾(James Tobin)于1969年提出,是企业的市场价值对其资产重置成本的比率,反映的是一个企业两种不同价值估计的比值。

其计算公式为

Q 比率 = 企业的市场价值 / 资产重置成本

分子上的价值是企业的市场价值,是该企业预期自由现金流量以其加权平均资本成本为贴现率折现的现值;分母中的价值是企业的"基本价值"——重置成本,即企业的当前股本(应等于企业的注册资本)。

当边际 $Q>1$(即企业的边际投资的市场价值 / 这项投资的重置成本 >1)时,增加投资意味着企业将投资具有正净现值的项目而增加盈利,这会增加企业的投资需求;当边际 $Q<1$(即企业的边际投资的市场价值 / 这项投资的重置成本 <1)时,增加投资意味着企业将投资具有负净现值的项目而造成亏损,这会减少企业的资本需求。——译者注

有一些声音批评房价过高,但没有人认为房价会在短期内下降,更多的人都在担心房价将会无限走高。"泡沫"一词首次登上报纸,已经是1991年的事情了。

为预防经济泡沫,日本银行曾试图上调利率,但在政治上遭到阻拦。1989年年末,日本银行上调利率后,时任首相桥本龙太郎非常生气,直叫着"赶快停止涨息"。由此可见在当时的环境下,要想实行金融紧缩,阻力重重。而且按照当时相关法律的规定,日本银行并不具有独立性,所以将泡沫经济这笔账全算在日本银行头上未免有失公允。

泡沫崩溃后,日本银行实行的金融政策的确过于紧缩,但当时社会普遍担心泡沫经济死灰复燃,日本银行的总裁三重野康也被誉为是"平成的鬼平"⊖,大藏省在1991年解除不动产融资的总量规制时也有很多人因担心再出现泡沫经济而跑出来反对。

这次的金融危机中也在讨论这类问题,国际清算银行(BIS)正在讨论是否应成立中央银行监视小组来监视资产价格。但究竟怎样才算是泡沫,这个问题本身很难界定。泡

⊖ 平成是日本天皇明仁的年号,由1989年1月8日起开始直至2019年4月30日。鬼平则是日本小说中的人物,其原型为取缔纵火、强盗、赌博等重罪的警官(日文原文为"火付け盗贼改法")长谷川宣以。当时日本的泡沫经济带来房价飞涨,一般老百姓买不起房,而三重野康解决了这个问题,所以被媒体称为平成的鬼平。——译者注

沫经济之所以会发生，就是因为人们没有察觉价格上有什么不对，要是真有一套客观的标准摆在那儿，现在也就不会发生这些问题了。可现实是，每隔10年世界上就会出现一次大规模的泡沫经济。

20世纪90年代的教训

这次欧美的金融危机和日本在20世纪90年代时一样，面临着同样的问题，都是金融体系遭到了破坏。金融常被比作血管，现在的情况好比一个体力什么的都很好的人，但是脑出血造成了全身瘫痪。所以现在在金融机构有问题的情况下实施财政政策，就好比给脑出血的病人注射营养液，几乎不会有什么效果。

在美国方面，为应对眼下的经济危机，奥巴马政府拿出8000亿美元的财政支出，世界各国也都纷纷相应地扩大财政。提及政策依据，它们举的例子居然是"日本通过财政支出解决了金融危机问题"。它们引用的是辜朝明㊀的英译本中的例子，那本书其实满是漏洞。辜朝明在书中对自民党1990年实施的政策做了如下评价：

㊀ 辜朝明（Richard C. Koo），经济学家，野村综合研究创发中心主席研究员，首席经济学家。——译者注

> 当时执政的正好是花钱大手大脚的自民党，撒钱后虽然陷入了财政赤字，但如果借钱又不花的话，日本的 GDP 可能会比现在还要低，失业率也会是现在的好几倍。
>
> （産経新聞）

这是不可能提供反证的命题。因为不论境遇多么糟糕，都还会有更糟糕的可能。按照这个理论，所有人都是幸运的。比如，你赛马输了 100 万日元，但你是幸运的，因为你没有输 200 万日元；你遇上交通事故受重伤，你还是幸运的，因为如果再惨点，也许就会没命。

20 世纪 90 年代的日本没有像 30 年代那样爆发大萧条的真正原因不是财政政策，而是之前提到的货币政策。大萧条时期各国的中央银行实施通货紧缩，但在 90 年代，日本银行实行的是金融放宽。而财政政策和 GDP 的增长，这两者之间几乎看不出任何因果联系。

图 2-1 表示的是 1994 年之后日本实施的经济政策（竖线）和实际 GDP（季度速报值）。财政方面比较大的动作是小渊内阁在 1998 年 11 月推出的高达 7.6 兆日元的预算补贴（左数第二），之后 GDP 就一直下降。1999 年 11 月预算补贴（6.5 兆日元）后 GDP 增长，2000 年 10 月（3.9 兆日元）

之后 GDP 又下降。众多实证资料显示，财政支出效果并不明显。井堀利宏曾经做过这样的结论：

> 我们看到的是，现实与凯恩斯宏观经济理论完全背道而驰：公共固定资本带来的财政支出并不能有效地刺激消费，也没有带来明显的税收增加，此外，税收增加后也没有给经济带来较大的不良影响。
>
> (「90年代の財政運営：評価課題」
> 『フィナンシャル・レビュー』)

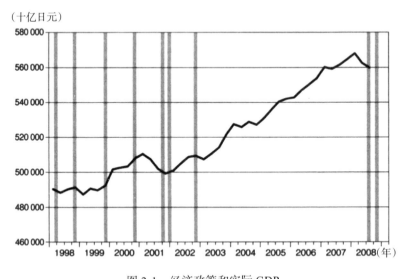

图 2-1　经济政策和实际 GDP

资料来源：内阁府。

这里说的"增税对经济的不良影响"指的是1997年桥本内阁实施的消费税一事。辜朝明认为"消费税由3%提到5%使得日本经济连续5期陷入负增长"。但是这种说法没有事实依据。

如图2-2所示（实际GDP增长率速报值），1997年4~6月GDP下滑是因为消费税上调前夕出现了消费热潮，而10~12月其实是恢复到正常水平。

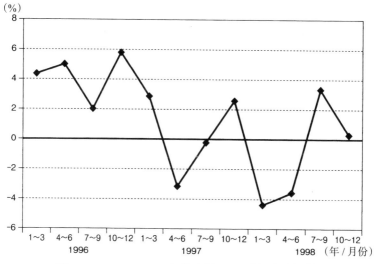

图2-2　1996~1998年的实际GDP增长率速报值

资料来源：内阁府。

1998年1~3月开始进入负增长是因为1997年11月北海道拓殖银行、山一证券破产后紧接着爆发了金融危机，所以不能说是"连续5期"。1997年消费税增税和第二年爆发的信用危机之间也没有多大联系。此外，金融危机是不可能通过实施财政或是调整利息这类宏观政策得以解决的。虽说对于金融流动性供给而言最重要的就是时间，但是不从根本上重建金融体系就不可能真正摆脱危机。

住专㊀的悲剧

泡沫经济本是资本主义的宿命，仅靠中央银行的力量不可能预防。泡沫经济的危害在于泡沫的急速崩溃给经济带来的冲击，所以问题的关键在于如何防止泡沫急剧崩溃。日本的问题就在于没有做好事后应对措施。

泡沫经济破灭的诱因一般认为是1989年5月日本银行调高法定利率和1990年3月大藏省对房地产融资实行的总量规制。1990年1月股价就开始暴跌。当时谁都知道泡沫迟早会破灭，但资产价格开始暴跌后的一段时间内，大藏省和日本银行都还在推行挤破泡沫政策，致使情况雪上加霜。直到1991年7月才开始下调法定利率，而总量规制则

㊀ 住专是由母体银行共同出资设立的面向个人的、以提供住宅按揭为目的的金融机构。"住专"的全称是"住宅金融专门会社"，总共有8家机构，分别是："日本住宅金融""住宅按揭服务""住宅综合中心""相银住宅按揭""第一住宅金融""地银生保住宅按揭""日本住宅按揭"及"协同住宅按揭"。——译者注

直到1991年年末才被撤销。

"不良债权"一词也正是在这时首次进入人们的视野。这原本是银行界的专用术语，在1992年夏季报道日本住宅金融（简称日住金）问题时被媒体频繁使用，后来才为人们所熟知。我当时在NHK做经济节目，在采访过程中，拿到秘密报告书，看到上面写着"公司已处于倒闭状态"时，我吃了一惊。自20世纪90年代伊藤曼事件以来，我一直都在报道不良债权的问题，但是没想到的是日住金事件比伊藤曼事件要严重得多，不良债权规模空前，总债务超过了1万亿日元。

后来制作特别节目时我曾提议以不良债权为专题进行报道，但是发现提案会议上没人听说过"不良债权"这个词。我自己当时也没有意识到这个问题会在后来给日本经济带来如此严重的影响。的确，不良债权这个问题不太容易引起人们的注意，哪怕不良债权规模很大，但因为其较为隐蔽，不易被察觉，另外由于是会计的特殊用语，所以一般人在理解上也存在着重重障碍。

在定栏目标题时，也有人反对用这个词，反对意见是"观众不熟悉'不良债权'"。还有当时的全国银行协会联合会（简称全银协）会长本来已答应配合做节目，但后来揪着这个标题，一直强调说"不把'不良债权'这个标题换了就不出节目"。好不容易达成一致，决定把标题换成"追踪——12万亿（日元）不良债权"。结果在开拍的前三天，全银协又取消了之前的出演协议。

以日住金为首的"住专"是泡沫崩溃的第一波。如果当时在这个问题上处理得当，也许后来不至于发展恶化（后来全银行的不良债权总损失达到100万亿日元）。当时写那份秘密报告书的母体银行三和银行（主要的银行团）认为，日住金是非银行机构，不必担心倒闭后出现挤兑，所以准备做破产处理。

但最大的问题出在属于农林系统的信用农业协同组合联合会（简称信联）给住专的融资上。1992年清算日住金时信联拿到了连本带利的全额返还，当时方针是母体行依所占融资比例承担损失。这时如果按照银行团的方针对住专进行彻底清算的话，或许可以将损失控制在数万亿日元的范围之内。

但是大藏省的时任银行局局长寺村反对银行团的方针。他在会计局工作多年，首次担任银行局局长。当时银行局、证券局等部门比会计局、主税局等部门要低一级，所以一般的习惯是没能当上会计局长的副职人员就任银行局局长。

毫无银行实务经验加之性格过于谨慎，寺村担心住专处理不好会引发信用危机，所以想把问题压制下去不做公开。对此，母体银行和日本银行都表示强烈反对，但是最终1993年2月，大藏省向农水省拿出的书面意见是"住专的再建由母体行负责"。这不是正式公文，没有法律效力，但是由于后来农林系统利用这条密约填补亏损而发展成为政治问题。

1995年住专问题浮出水面后，地价大幅度跌落，母体行已经无力应对损失。于是银行团要求信联分担损失，信联则拿出1993年的那项密约作为挡箭牌，拒绝承担损失，后来还将政治问题也卷入其中，最终的处理方法更是闻所未闻，其中的6850亿日元由政府财政补贴"赠送"给信联。

大藏省当时开始的时候也表示过反对，但武村正义藏相迫于农协压力决定投入公共资金，第二年年初村山富市首相也牵扯其中，所以大藏省最后也只好作罢。新年之后，在野党对住专处理不满，举行静坐示威，国会上一片混乱。受此影响，越来越多的人反对向银行注入公共资金，所以资本注入拖到了1998年才实施。住专问题在处理不良债权的问题上可以说是20世纪90年代日本金融危机的分水岭，相当重要。

就在大藏省不作为，要求银行方面"有计划分阶段"处理不良债权时，东京的二信组、兵库银行、木津信用金库等多家地方金融机构纷纷破产。日本债券信用银行（简称日债银）经营状况恶化后，大藏省曾以捐献金的形式从34个大型金融机构集资2100亿日元用于融资，但是日债银破产后这笔钱也打了水漂。东京地方检察曾就此事对大藏省内部进行暗访调查，但出于政治考虑最后也没有起诉。

资本注入不能解决问题

21世纪的金融危机后，美国也向花旗银行和美国银行注入巨额资本。提及政策参考时总是会把日本的金融危机作为先例加以援引。在2008年金融峰会上，中川昭一财务大臣（时任）也对欧美宣称"资本注入非常重要"，但其实日本的资本注入根本就谈不上什么成功。1998年为审查资本注入的情况成立了金融危机管理审查委员会。民主党的仙谷由人在国会上曾就此询问过该组织的佐佐波杨子委员长。

仙谷委员：刚才你说拿到贷款明细时，里面的"金融机构经营内容的相关资料"你有好好看，好好分析。可是真的好好分析后你会在这公司完全没救的情况下还借给它 1000 亿日元吗？真的好好分析后，还会出现现在这种结果吗？你说得出给长银（即长期信用银行）相关企业这 1.5 兆日元的融资符合规定第几类第几条，它们又拿得出什么担保吗？

佐佐波：刚才说到的贷款明细，是从大藏省、日银处得到的。银行方面的话，我本人不清楚。

佐佐波在不清楚内容的情况下就盖上了自己的官印认可资本注入长银，结果长银在 7 个月之后破产，日债银也于 9 个月后破产，投入这两个银行共计约 8000 亿日元的税金就这么消失不见了。有资金注入资格的本应是有经营能力但一时资金周转不灵的银行才对，如果向已经负债的银行（无法重建的银行）注入资本，那就不仅是浪费税金的问题了，还会隐瞒银行已经破产的事实，使得银行可以继续要求重新贷款，从而进一步加深危机。

1998 年资本注入时就是利用了这一点，利用御用学者实现资本的注入。结果导致日本政府的危机管理和能力受到质疑，信用危机发展成为长期性的问题。金融再生委员会曾对不良债权进行了一些后续处理，但由于柳泽伯夫委员长坚持"给银行自主性"的方针，所以只好作罢。

到了 2001 年小泉政权上台，美国方面向小泉政权施压要求迅速解决不良债权问题。内阁任命竹中平藏为金融经济财政担当大臣，推进"硬着陆"政策。竹中大臣在 2002 年发布了金融再生项目（竹中计划），其中对延期的税项资产进行严格审定的做法遭到了银行的反对。

严格审定延期的税项资产，这项措施遭到了全银协的强烈反对，尤其是里索那银行，该银行总资本的大部分都属于递延税项资产⊖。此举推进后，里索那银行将会马上面临严重的债务过重问题。金融厅（也就是竹中）害怕事后被追究破产责任，所以表示绝不会让其"破产"，而是"重建"，最后向里索那银行注入了约 3 万亿日元的公共资金。

这一举措之后，泡沫崩溃以来一直处于低谷的股价终于开始上升。但这并非结构改革的成果，只不过是市场嗅到了"竹中要拯救银行业"这一信号。随后，银行加紧了对不良债权的处理，加之日本银行的零利息和量化宽松⊖也带动了业务纯收益的增长，不良债权问题开始得到迅速处理。

⊖ 递延税项资产：银行针对预算不良债券先行纳税，企业破产后，待不良债券的具体额度确定并扣除法人税后，将税额分 5 年返还的资产。但是破产时若银行已处于赤字状态，无须缴法人税，也无须扣除，所以竹中认为递延税项资产的时间应限定在 1 年。

⊖ 量化宽松是指当短期利率接近或处于零时，中央银行向经济体系大量注入超过维持零利率所需的资金，以刺激经济。——译者注从这件事上得到的教训，如竹中本人所说，那就是处理不良债权最关键的不在于资本注入，而在于严格进行资本审查后迅速偿还不良资产。如果不进行彻底的资产审定就直接注资，债务过多的银行会因为害怕实情暴露而不选择清算，最后就只能和长银、日债银一样暂时收归国有并进行强制处理。银行资产过多，也不愿意确定损失，所以银行在收回不良债权后会要求脱离负债表，这个时候最有效的方法就是在注资时要求其出售资产。把自主权交由银行，银行方面会拖个没完，问题根本不可能得到解决。这也是日本的教训。

如何看待 20 世纪 90 年代

躲不开的道路

泡沫经济的发生和泡沫崩溃后带来的金融危机，我们已经屡见不鲜，但是政府能够有效应对的例子少而又少。这次危机也是如此，美国政府刚开始还是自信满满："会处理得比日本好得多。"但是现在情况却是越来越糟。套用托尔斯泰的话就是，繁荣时都是一样的幸福，萧条时是各有各的不幸。危机真正来临，感觉毕竟是不一样了。

毫无疑问，20世纪90年代日本的大藏省和日本银行的处理方式相当拙劣，但美国财政部和联邦储备委员会能否技高一筹尚不得而知。不过这次受损规模极有可能将会超过日本。日本银行的白川方明总裁在2009年2月演讲时曾这样说道：

> 看到这次金融危机不断蔓延，有种惊人的似曾相识之感。就在有很多人开始认为日本金融危机只是日本的个案时，这次爆发的金融危机用最惨痛的代价促使人们重新思考，重新去认识大规模的信用泡沫及信用泡沫崩溃的影响。
>
> 毫无疑问，和20世纪90年代的日本相比，现在会计、财务公开等各方面制度都要完善得多。但也面临着很多新的问题，如市场流动性极为复杂的金融商品的评价体系、表外交易等。
>
> （日銀ウェブサイト）

我记得直到1995年（那时我还在做新闻）问题才开始全面暴露。在此之前，整个市场都一直处于"不明就里"的一种状态。所谓"疑心生暗鬼"，所有企业都开始慎重投资，银行惜贷。从这点来说，确实如白川所言，这次危机来得更大，问题更严重。过去只不过是银行有意隐瞒，而现在，谁也算不清在无严格法律限制的近海地带（如开曼群岛等各国政府无法监控到的地域）究竟藏有多少"有毒资金"。接着，他又说：

> 问题表面上表现为流动性不足，但实质是资本不足（偿付能力）的问题。在危机爆发初期，很难辨清，何种程度为流动性问题，何种程度为偿还能力的问题。
>
> 危机应对措施不是说在危机之前将积累的过多债务消除。当债务过大时，想要使经济重新恢复持续发展的状态需要很长一段时间。

从日本的经验看，首先第一点，零利率和量化宽松不是为了刺激经济而采取的经济政策。当利率降到零的时候，调整利率就不再是经济政策手段了，日本银行利用零利率筹措资金、恢复资金周转。尤其是 2000 年前后，防止银行破产成为第一要务，从这个意义上说，零利率获得了成功。银行的业务净收益达到史上最高，终于开始有能力偿还不良债权，并且由于不良债权得以偿还，也无须再交付法人税。

第二，摆脱金融危机的关键在于银行财务的健全。不论增加多少基础货币（日本银行的货币供应量），如果不良债权得不到有效处理，银行就无法恢复健全状态。在日本的金融危机中对此做出强制处理的就是竹中计划。虽然竹中实行的政策本身效果有限，但的确推动了不良债权的偿还速度。白川总裁对零利率、量化宽松做出了肯定的评价，认为该政策发挥了不小的作用。

第三，零利率将巨额存款从存款人手中转移到了银行。泡沫崩溃造成1200万亿日元的财富损失，其中有600万亿日元是投资家脱手求现。剩下的600万亿日元属于净损失，这笔损失总得有人认，否则账务没法清算。按照三菱总研的计算，1992～2005年，日本居民家庭存款损失（机会损失）利息2830万亿日元，而企业因此减少264兆日元的利息负担。

也就是说，日本金融危机结束的原因很简单。零利率将老百姓的存款利息转移到了银行，通过再借款让这些实际已经出现债务过重的"僵尸银行"㊀起死回生。泡沫经济崩

㊀ 始于1990年的房市和股市暴跌，将日本各大银行推入了资不抵债的境地。日本并未采纳美国提供的强硬建议，关闭这些银行或对它们进行资本重组，而是采取了一种更为容易的应对方式。通过提供公开或不公开的担保，以及零星的政府纾困，日本让这些银行保持着最低限度的运转。由此产生的"僵尸银行"既无活力，也未倒闭，不可能对经济增长形成支持。——译者注

溃后的损失也靠此填上了。由于货币是长期中性的，要解决问题必须解决实体经济的三大过剩（即债务过剩、设备过剩、雇用过剩）。也就是说，泡沫崩溃中企业破产后本应由股东直接承担的损失现在换成了由存款者花15年来慢慢偿还。最后日本经济从表面上得到了恢复。如果有人以为"零利率政策让日本经济恢复起来"而为"零利率"欢呼雀跃，那他还真是不折不扣的老好人。

经济周期问题还是生产力低下

20世纪90年代日本进入"失去的十年"，就这一问题有很多不同的观点，大致可以分为以下两种。一是认为这是经济周期（短期）的问题，只要日本银行大胆地放宽金融，日本就可以摆脱困境。我们称之为通货紧缩派（紧缩缺口派）。另一派则是结构改革派，这派观点认为生产力的长期低下带来潜在增长率的下降，所以实施金融、财政等宏观政策不会有明显效果，应该通过规制改革来提高生产力。通货紧缩派的代表有岩田规久男，他这么写道：

> 通货紧缩派认为，在通货紧缩的情况下市场的相对价格机制运行不灵，为恢复经济，最重要的是

实行一系列宏观经济扩张政策，消除紧缩差距，将国内实际生产力提高到国内潜在生产力水平……但是并不是说通货紧缩派认为结构改革不重要。在消除通货紧缩的问题后，为提高潜在增长率的水平还是要进行结构改革的。

(『デフレの経済学』)

这里把解决 GDP 差距的短期机制和提高潜在增长率的长期机制完全区别开来。这是萨缪尔森在那本有名的教科书里所倡导的"新古典综合派"。他认为就业不充分时，价格是一定的，这时凯恩斯政策是有效的。但就业充分时，价格出现波动，这时就是新古典派经济学起作用了。但是为什么就业不充分时价格机制不起作用而充分就业时就起作用了呢？在这一点上岩田没有做出解释。

另外一派结构改革派的代表就是林文夫。他在和普雷斯科特合著的论文中写道，日本进入"失去的十年"是因为全要素生产率○低下导致潜在成长率低下。他在书中这么写道：

○ 全要素生产率（TFP）：全要素生产率是实际经济增长率减劳动、资本等要素投入的"余值"，即指的是经济效率的增长。在本书中，简单地称之为生产力。

凯恩斯经济学强调总需求，但也承认需求不足的问题可以通过长期的价格调整得以解决。凯恩斯经济学在解释经济周期等这类短期的经济变动时或许是有用的，但是无法说明日本在20世纪90年代所面临的经济长期停滞的问题。

（『失われた10年の真因は何か』）

并且林文夫认为20世纪90年代日本经济增长率低下最大的原因在于生产率增长率的低下。关于这个结论，有很多批判的声音。而且后来还有相关的实证研究显示，狭义的生产率（主要指技术进步）并没有出现大幅度下降的现象。而且，泡沫（资产价格）崩溃是货币（与生产活动无关）现象，泡沫崩溃的同时实体经济的生产率下降的现象是很少见的。

还有一种介于两者之间的想法认为，生产力原本已经在慢慢地下降了，但是20世纪80年代后半期资产价格受泡沫影响，GDP开始猛涨。而泡沫崩溃后价格、生产活动一起跌到谷底，GDP也一下子滑落到潜在水平以下，出现了需求缺口。填补缺口就需要金融政策。这种把长期性的实体经济的变化和短期性的货币变化分开来看的观点，是最近宏观经济学的主流。

不论采取哪种观点，基本想法都没有太大的差别。政策的制定基准不是凯恩斯所设定的"充分雇用"状态，而是自然失业率。这是劳动力市场和商品市场供求力量均衡状态下的失业率，不是通过宏观政策可以解决的。比如说失业率为5%的话，如果自然失业率为5%，那么这是属于宏观均衡状态。如果这时为减少失业而扩大财政支出（增加货币供给），那就会引发通货膨胀（参考本章节后面的专栏）。

同样地，哪怕长期利率降到了1%，只要它低于自然利率，就无须下调。货币供给过剩造成利息低于自然利率会引发通货膨胀，无益于经济状况的改善。普遍认为，日本在20世纪90年代潜在经济增长率就一直低迷不振。统计数据也显示，劳动生产率的增长率一直处于低水平状态，更大的问题在于生产率增长率的不一致。尽管制造业，尤其是出口产业的生产率一直保持在较高的水平，但是国内产业中尤其是服务业生产力低下，最后从经济整体来看平均生产率仍是下降。

劳动人口逆流

日本在20世纪90年代进行的好几次大规模公共事业建设虽在短期大幅度地提升了GDP，但效果无法持续。不仅如此，现在还有很多人认为大规模的公共事业投资导致劳动人口固定在经济增长率较低的地方,阻碍了经济的恢复。

图 2-3 显示的是实际经济增长率和大城市圈人口增加(净增加)的情况。从图中可以发现,除了 1980～1990 年这段时间,两者基本上是一致的,这一现象被称为"1970 年问题",广受关注。一般认为,日本经济增长放缓最大的原因不是石油危机,而是 20 世纪 70 年代田中角荣提出"发展均衡国家"后进行的一系列"全国综合开发计划"。按照这项计划的要求,财政拨款必须均匀,结果带来了城市(发展产业)劳动供给量不足的问题。

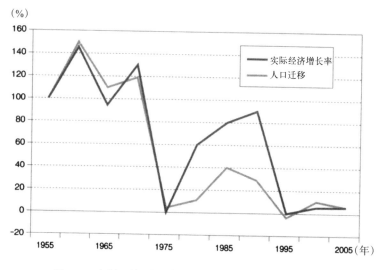

图 2-3　实际经济增长率和人口迁移(1955 年 =100)

资料来源:增田悦佐『高度経済成長は復活できる』。

接下来的20世纪90年代又重蹈70年代的覆辙。说起90年代日本经济增长速度急速降低的原因，泡沫经济的崩溃自然是脱不开干系的，但泡沫崩溃后实施的经济政策本身也有很大问题。在当时经济政策的指导下，政府向地方拨款高达100万亿日元以上，全部用于大规模的公共事业。结果出现二战后首次人口逆流，人口迁移方向变成了从城市流往农村。而人口逆流使得经济不景气的问题陷入长期泥潭。

图2-4展示的是20世纪90年代生产率增长率和劳动人口的迁移情况。从图中可以看到电气机械类生产增长最

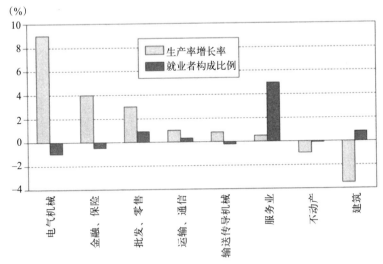

图2-4 生产率增长率和劳动人口的迁移

资料来源：『「失われた10年」と産業構造の転換』。

高但劳动人口却在减少,另外一方面,生产率低下的建筑行业还有生产率增长不大的服务行业的劳动人口却在增加。建筑业反差尤为明显的原因是 90 年代后半期开展的大规模公共事业建设。所以,从图中我们可以得知,是劳动力流向劳动生产率低下的部门带来了整体经济平均生产率的下降。

劳动生产率低下使经济陷入长期的不景气。另外,日本特有的雇用体制(为保护正式员工不致失业,企业停止招新)又带来了所谓的"就业冰河期"。现在虽然已经摆脱了经济最低谷,但是这种人力资源分配不均的情况还是没有得到有效解决,日本的劳动生产率在主要的发达国家排行最末。从这个意义上来说,冰河期尚未结束。

虽然这么说或许会造成一些误解,但按照经济发展规律,地方经济就应该更加衰退才对。因为农村的老人们没有劳动力,没法劳动,外出在城市学习生活的年轻人,有能力的也都会希望在大城市就职。如果硬要求白领重回家乡,那他们也只能做一些行政或是分包的工作。

20 世纪之前的主权国家的国家模式体系现在已经遭到了挑战,今后将是都市国家的时代。当然,大城市无法接纳所有的劳动人口,所以城市之间也会开始出现阶层分化。附加值高的信息产业或是金融业集中在东京,排在第二的服务业将集中在地方的核心城市，地方城市将在制造业方面和亚洲的其他工业据点展开交锋。而农村则是只能依靠发展观光旅游维持发展。

所以发展公共事业时，也不应当强调人人有份、人人平等。财政拨款应向大城市圈和地方核心城市倾斜。举个例子，东京交通状况之恶劣在全世界都是有名的，素有"通勤地狱"之称。但再想想，东京的公共事业费人均摊下来只有岛根县的1.5倍，哪里够用？这样如何能与亚洲其他城市展开竞争？当然，其他地方城市也应在保护自然环境上给予相应预算。

······················· 延伸阅读 ·······················

自然利率和自然失业率

克努特·维克塞尔（Knut Wicksell，1851—1926）是20世纪前期在金融理论上影响力较大的一位瑞典经济学家。凯恩斯在《就业、利息和货币通论》中对他进行了批判，指出他所谓的自然利率概念混乱。凯恩斯否定了这一概念，认为若自然利率无法实现完全雇用，这一利率是不自然的。后来哈耶克批评凯恩斯"没有好好读维克塞尔的书"，凯恩斯也承认了自己的错误。

再后来米尔顿·弗里德曼在自己那篇非常有名的论文（1968）里再次对自然利率这一概念进行了探讨，但当时他效仿维克塞尔提出的新概念"自然失业率"引起了人们的普遍关注。所以自然利率的问题就被忽视了。但是随后"新古典派"展开研究证实长期均衡状态下存在自然利率（至少在理论上）。所以也有人称2000年以后新凯恩斯主义为新维克塞尔派。该派代表人物迈克尔·伍德福德将自己的书名定成同维克塞尔的著作一样，即《利息与价格》，这本书的主要观点也是源自维克塞尔。他们都认为自然利率（（长期均衡）无须考虑现实情况，自然利率是希望达成的目标。现实的经济情况总是同自然利率有差距，但是金融政策的意义正是在于使现实经济无限靠近自然利率。换句话说，在解决现实经济偏离自然利率这一问题上，宏观经济政策不能起到长久持续的作用。

但是正如维克塞尔所说，自然利率不是不变的。它随着技术革新或是供给的变化处于不断变动中，并且这些现实因素不是政府或中央可以控制的。所以促进经济的协调发展最好的办法就是，朝着预定目标前进的同时稳定物价这一基础性因素。从这一观点来看，通货膨胀目标制就显得非常必要，而通货膨胀目标制最初的提倡者正是维克塞尔。

资料来源：加藤凉『現代マクロ経済学講義』。

| 第 3 章 |

经济政策的局限

> 有计划的公共事业,或许可以应对有效需求暂时走低的情况。但是仅建设公共事业是无法迅速建立起一个可以应对景气周期波动的最有效、最永久的制度。
>
> ——凯恩斯

在日本大选中，自民党和民主党都纷纷批评对方的政策是"撒钱"的政策——执行财政政策时完全不顾财政的支付能力。日本最初出现这种说法是在20世纪90年代的小渊内阁时期，当时以巨额的财政赤字作为财政资金的支柱，但是财政政策没有带来任何实际效果。这是日本的惨痛教训，但令人遗憾的是事到如今两党仍没能从中吸取教训。

说到底，财政支出主要是政府代办民间无力承办的公共事业而产生的小规模支出。凯恩斯首次提出财政政策的目的是，当社会总需求不足时，政府通过财政政策可以提高总需求。这个想法其实并不是他的原创，20世纪20年代英国劳动党在解决失业问题时就曾经用过这种方法。

当时的经济学家认为，政府财政支出会排挤民间投资，而且财政赤字后政府会增加税收，无益于社会财富的增加，故财政支出没有任何意义，因此对政府的财政支出均持反对意见。但是，凯恩斯认为，支出和投资并不会相抵消，政府支出会带来收入增加，并且他还用乘数原理论证增加投资可带来几倍于投资额的经济效果。

也就是说，凯恩斯对财政政策的目的进行了重新思考，将财政政策的目的从进行公共基础建设这一质的问题转换为增加总需求这一量的问题。在后来的 70 多年间，这种将财政政策视为刺激经济增长手段的观点一直发挥着强大的影响力，但是它真的令经济好转起来了吗？

财政政策的缺陷

罗斯福新政的神话

美国在 20 世纪 30 年代爆发的大萧条最后是凯恩斯政策治好的吗？关于大萧条，社会上广泛流传着这样的神话：

神话 1：大萧条的起因是"有效需求不足"，所以金融政策是没有效果的。

神话 2：危机进一步扩大是因为胡佛总统实行了"清算主义"政策。

神话 3：罗斯福采取了凯恩斯提议的"新经济政策"后，

美国才从大萧条中脱身。

神话4：庇古等古典经济学家认为，降低工资可以缓解失业问题。但是工资降低后带来了经济状况的进一步恶化。

神话1是凯恩斯在《就业、利息和货币通论》中倡导的内容，但是现在这个理论已经遭到质疑。弗里德曼和施瓦茨对1929年以后美联邦的金融政策进行研究发现：在1933年之前美国的通货供给量一直都在锐减。最后得出的结论是："经济大萧条"时实行的金融紧缩政策使得银行资金周转困难，纷纷破产倒闭，随后全美银行出现挤兑风潮，银行成批倒闭又引发信用萎缩。继而企业也开始连锁倒闭，信用危机进一步扩大蔓延……

后来就他们的观点，又有很多学者发表了各自的看法，但基本上大家都对此持赞同的态度。罗斯福于1933年就任美国总统，随后就实行大胆的金融缓和，阻止了信用萎缩的进一步蔓延，结果如图3-1所示，经济负增长的脚步终于停了下来。

美国实行紧缩金融政策的大背景是美国的金本位制。1929年股票价格暴跌，经济恶化，美元走低，出现了很多抛售美元转而买黄金的投机行为，导致黄金不断流向海外。为了避免这种形势进一步扩大，必须减少货币的供给，调高利息，保住美元。结果，在经济萧条期间，由于美国采取了金融紧缩政策，使得很多银行资金流转不畅，陷入破产，储户们看到这种情景后纷纷跑到银行挤兑。

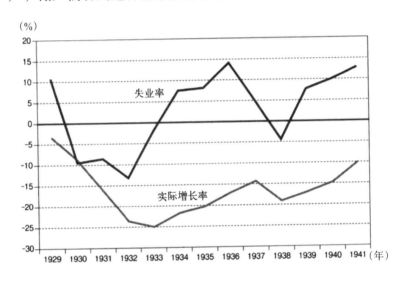

图 3-1　大萧条时期美国的实际增长率和失业率

银行的大部分存款都用于融资，一般只持有一部分存款用于流动。如果所有的储户都来取走全部存款，银行必定破产。而银行破产后挤兑风潮就会愈演愈烈……陷入恶性循环后，美国所有的银行都将被迫关门停业，融资企业也会受到牵连，陷入破产，美国经济将整体瘫痪。

而在这时美国提高了利息，由于担心黄金流往美国，其他各国也纷纷实行紧缩金融政策，带来本国经济萧条，造成了"萧条出口"的局面，最终结果就是大萧条波及世界各地。而那些没有实行金本位的国家就没有遭到大萧条的袭击。20世纪30年代的大萧条的破坏性远高于一般的经济周期波动主要是因为金本位制度本身存在缺陷，另外在金本位背景之下中央银行的政策失误又加剧了经济周期波动的破坏性。

神话2则没有第一手的资料可以作为其证据。"清算主义"这个词倒是找得到出处，胡佛政府的财政部部长梅隆曾说要"清算劳工市场，清算股票市场，清算农业和房地产业"。但是这句话本身却是出自胡佛的回忆录，书中胡佛解释道："使大萧条进一步恶化的不是我，是梅隆。"（当时梅隆已经去世）

在1931年的演说中，梅隆表示"现在这个时候不是进行过激实验的时候。任何有可能威胁到生活的实验都不行"，呼吁大家自制。胡佛政府的确没能有效应对大萧条，但是也没有事实表明他曾试图对企业进行清算。

至于神话3本身就遭到了罗斯福自己的否定。罗斯福是均衡财政主义者，并不推崇财政赤字政策。他在1934年曾经见过凯恩斯，但当时他就说："都是统计数据，无法理解。"而且，凯恩斯的《就业、利息和货币通论》出版于 1936 年，而新政开始于 1933 年，从时间上来说，也无法证明该书对新政的影响。另外，如图 3-1 所示，新政策实施之后，美国失业率仍在两位数上徘徊。

神话 4 的内容是凯恩斯的主张，但并不是事实。20 世纪 30 年代，美国制造业的实际工资一直在上涨。虽然名义工资下降了，但是由于物价跌幅更甚，所以如果将 1929 年的实际工资（名义工资/消费者物价指数）定为 100，我们就会知道实际工资一直处于上升状态（见图 3-2）。

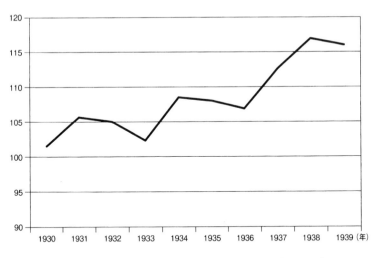

图 3-2　20 世纪 30 年代的实际工资（1929 年 =100）

资料来源：Cole-Ohanian。

尤其是罗斯福就任总统的 1933 年后，工资见涨。1935 年《瓦格纳法》通过后，随着工会组织的增加，工资进一步得到提高。工资的涨幅与失业率也有着很明显的关联。GDP 在 1933 年跌到谷底后一直不见起色，失业率则一直保持在 10% 的高水平，这都是实际工资上涨以及当时放弃《反托拉斯法》后带来的垄断扩大的结果。

1930～1932 年的总劳动时间与 1929 年相比下降了 18%。罗斯福出任总统，即 1933～1939 年这期间总劳动时间又下降了 23%，最大的原因就是实施的新政。尤其是 1933 年颁布《国家工业复兴法》后，《反托拉斯法》失效，公开承认价格垄断，结果就是最终产品的价格上升，需求下降。

接着，1935 年《瓦格纳法》的通过使得罢工和工资卡特尔合法化，所以 20 世纪 40 年代后半期实际工资上升了 25%。1937～1938 年实际 GDP 下降就是因为 1937 年美国联邦最高法院认定《瓦格纳法》符合宪法精神导致实际工资大幅度上涨。

而在 20 世纪 30 年代末期，美国之所以能摆脱大萧条是因为罗斯福在 1938 年停止实施新政。司法部门也再次启动《反托拉斯法》，开始实行战时体制，工资涨势停止。所以柯尔认为，战争实现了经济恢复，不是因为战争消耗了大量的资源，而是因为迫使新政暂停。

以上这些学者的研究都是基于"新古典派"的理论。克里斯蒂娜·罗默在对经济史方面进行研究后也得出了类似的结论：罗斯福新政的财政政策并没有发挥多大效果。另外还有一点是确认无疑的，那就是凯恩斯主张的在20世纪30年代价格机制完全失效这种观点是错误的。

从长远看，我们都是要死的

财政支出的效果基本上限于支出当年。预算补贴在几年后也会用完，所以财政政策虽然有助于促使经济自动恢复，但是并不能改善经济状况本身。民间消费和投资才是维系经济持续增长的关键所在，当两者萎靡不振时增大政府财政支出仍然无济于事。所以在凯恩斯看来，政府的作用只限于解决短期性问题。他在《货币理论》中说过一句非常有名的话："'长远'往往会误导对时事的判断。从长远看，我们都是要死的。"

凯恩斯理论的前提是把投资水平看成固定的值，这是一种短期理论，不涉及资本积累这类长期问题。但是，从长远看，我们真的都会死吗？四处"撒钱"的低效财政政策降低了生产率，扩大了财政赤字，最后掏腰包的是我们自己的子孙。而且我们自己也无法幸免，年金体制崩溃后，我们的老年生活将会面临危机。

现代宏观经济学没有将长期和短期完全分开考虑。潜在GDP属于长期问题，当现实GDP与潜在GDP出现偏离时，如果差值较大，将通过宏观政策来填补GDP缺口。这时，最重要的是要做出判断，现实中出现的缺口如果是暂时性的，究竟会在何时终结？如果是长期性的，那么又是从何时开始？

这种"长远"虽然属于理论上的概念，但是作为政策目标而言非常重要，绝不是误导性的指标。在传统的凯恩斯经济政策看来，经济稳定是最首要的目标，但是如果因此让本应退出市场的企业苟延残喘，有可能会引发长期效率低下的问题。那么这时我们就需要面对一个问题做出判断，经济稳定后带来的利益和为了维持经济稳定需要花费的代价，孰轻孰重。这很难准确预见，但认识到这当中存在矛盾却是非常必要的。日本麻生首相曾劝导德国首相说："经济不景气的时候应该增大财政支出。"但其实不然。

而且，这次我们也可以看到，财政政策其实牵扯到很多政治上的因素，存在着政策倾斜，很容易造成浪费。另外，预算从编制到执行，这中间需要很长的时间，所以有时候并不能真正救急。此次奥巴马政府也好，日本的预算补贴也好，都是关乎好几年的问题，数目都非常大，所以不一定真能够应对当下的经济问题。

所以在发达国家之间达成的共识是利用金融政策调节经济周期波动而非动用财政政策。此次的预算补贴实施背景是 2011 年 4 月，二十国集团（G20 金融峰会）提出的目标："全世界拿出 5 万亿美元的财政支出拉动经济增长 4 个百分点。"但其实这一目标没有任何依据作支撑。现在美国经济一片混乱，实施的巨额财政支出政策也饱受世界批评，欧洲各国对财政支出也持消极态度。"财政政策可以救世"，恐怕也只有麻生首相才会这么想。

财政赤字抑制消费

财政支出的另一个问题就是会增加财政赤字。日本的政府债务已经超过 GDP 的 1.7 倍，在经合组织中状况最为糟糕。这次预算补贴后又会发行大量的赤字国债，财政赤字将会进一步扩大。好在日本政府还有部分投向财政投融资机关⊖的金融资产，所以算下来净债务是 GDP 的 86%，但

⊖ 财政投融资是指政府为实现一定的产业政策和财政政策目标，通过国家信用方式把各种闲散资金，特别是民间的闲散资金集中起来，统一由财政部门掌握管理，根据经济和社会发展计划，在不以营利为直接目的的前提下，采用直接或间接贷款方式，支持企业或事业单位发展生产和事业的一种资金活动。——译者注

最后还是和"债务大国"意大利打了个平手（见表3-1）。而且，发行国债是要返利的，所以现在还面临着追发国债、陷入国债发行的恶性循环的危险，据国际货币基金组织（IMF）预测，2014年日本政府债务将达到GDP的2.3倍以上。

表3-1 主要国家的政府债务占GDP的比率

	总债务（2007年）	净债务（2007年）	总债务（2014年）[①]	必须削减的赤字
澳大利亚	15.4	−6.0	16.6	1.2
英国	46.9	30.2	87.8	5.7
加拿大	64.1	23.4	66.2	1.0
法国	70.1	34.4	89.7	4.5
德国	65.5	44.5	91.0	1.8
意大利	113.2	87.6	129.4	4.8
日本	170.6	85.9	234.2	14.3
韩国	28.9	−37.7	51.8	−0.7
西班牙	42.7	19.1	69.2	3.1
美国	62.9	43.0	106.7	3.5

① 该列数值为估计值。
资料来源：IMF，OECD の资料から『The Economist』作成。

日本政府的目标是在2011年实现基础财政收支盈余。但在实行这一系列的预算补贴后，这一目标已经不可能实现了，所以这个目标被推到了2019年。在这样的情况之下，

"骨太方针"⊖草案里还写着想要将消费税提升到 12%，不免让人感叹是否乐观过头。

IMF 的报告表明，维持财政赤字必须将基础收支赤字减半。而为了将基础收支减半，得在 2014 年之前将债务削减到 GDP 的 14.3%。如果全靠消费税来完成（税率每变动 1%，GDP 的变动为 0.4%），那就需要增税 35%，也就是说消费税得提到 40%。另外，如果仅削减年支出的话，必须要砍掉八成以上的一般会计支出。

但是，日本虽然抱有巨额财政赤字，长期利率却稳定在较低水平。日本国债持有者中约有 94% 为日本本国的投资者，这可能是因为国民对日本政府还持有较强信心，觉得"政府应该不会不还钱吧"。日本的个人金融资产有 1500 万亿日元，所以宏观上政府债务返还问题可以在国内得到解决。不会像南美或是俄罗斯那样出现国家无力偿还外债的情况，不至于落到国家破产的地步。

但要注意的是偿还能力是以征税能力做保证的。从这个层面看，日本政府的偿还能力就存在问题了。在日本，消费税 2% 的提升就可以击垮内阁，增税几十个百分点或是削

⊖ "骨太方针"是日本内阁制定的政策方针，即"经济财政运营与结构改革的基本方针"，时任内阁总理大臣小泉在阐述自己的结构改革观点时使用的新词，是日本当时的流行语。——译者注

减年支出几十个百分点,这在政治上几乎是不可能完成的任务。可现在如果把这些问题搁置不理的话,本就背负着退休金沉重债务的日本国库负担会越来越重,债务像滚雪球一样越来越多,最后很有可能发展到无法收拾的局面。

在这种情形之下,唯一能做的就是由日本银行来承购这笔国债,通过增加货币发行量引发通货膨胀。粗略计算,如果连续5年保持3%的通货膨胀率,可以减少15%的实际债务。虽然财政法规定日本银行不能承购国债,但是如果国会决议通过,那就还是有可能的。

但是,这又涉及对通货膨胀的控制问题了。能否有效处理,还是一个未知数。国债的持有者看着资产缩水很有可能会抛售国债,那时就会引起利率飞涨(国债价格狂跌)。货币的信任度下降后,人们就会转向黄金等实物资产,将有可能导致通胀的进一步扩大以致最后陷入恶性通胀的危险之中。现在日本正处于通货紧缩,所以还没有这方面的担心,但是今后如果出现了通货膨胀的征兆,就得多加注意了。

也不知是幸还是不幸,现在日本没什么可投资的机会,所以会感到资金剩余。银行的国债持有值也达到了史上最高水平,所以不必担心利率上涨。但是经济增长的长期缓慢,低水平的年收入都意味着政府债务的增多。我们需要注意的是，从世界范围来看，经济恢复时往往伴随着长期利率增长。

李嘉图的中立命题㊀认为，当人们预期到政府为偿债实行增税时，他们会将减税所得用于储蓄而不是消费。的确，真到了实际情况时，人人都会变成近视眼，只关注眼前利益，所以实践上财政支出并非没有效果。不过像日本现在这样，在财政面临危机的情况之下，中立命题的效应将会增大，财政支出的效果就会受到一定的限制。

接着就是最大的问题，代际㊁差距、退休金问题给国家财政带来的负担正在以加速度增重，并且全部落在了日本下一代人的肩上。针对代际不公的问题，有很多计算模式，由于设定的条件不同，计算的结果也不等。但是日本的代际差距世界第一，在这一点上大家都达成了一致。按照铃木亘的计算，一个人一生中退休金、健康保险等返还和缴纳的差额，20世纪40年代出生的这批人是+4850万日元，

㊀ 征税和发行国债是政府筹措收入的两种主要方式，这两种方式对社会经济将产生何种影响，经济学家们历来对此观点争论不休，李嘉图认为，这两种做法对经济的影响是等价的。——译者注

㊁ 代际，按照每十年为一代的算法，日本国民可以划分为 0～30 岁代、40～50 岁代、60 岁代以上三个层次，每个岁代层次的人口数别很大，总的来说是"两端的人数多，中间层的人口少"。日本社会的人口构成是精壮劳动者人口偏少，消费者人口过多。靠一小部分人去供养一大部分人的社会现状，是日本青少年面临的一大难题。

但是 2005 年出生的这批人就变成了 –3490 万日元。这两代人的差额达到了 8340 万日元。(《不骗你的退休金、医疗、护理入门》)

　　铃木的提案是将缴费确定支付型企业年金制度换成待遇确定型企业年金制度㊀，并且将消费税作为退休金的财源，这个提案考虑到了日本的实际情况。但是仍遭到了厚生劳动省官僚的反对。因为这涉及厚生劳动省和财务省的权限范围之争，退休金是属于厚生劳动省的权力范围，而税是属于财务省的管辖范围。虽说退休金和健康保险本来就是和税收差不多性质的东西，由税务署总揽就好。但是厚生劳动省一直坚决反对一元化的管理。

　　因为按照经济学家的这种理论，停止公共养老金，停止公共健康保险，社会福利等于所得再分配，最后社会福利的实现形式就全部通过税收进行了（这里所说的也就是负所得税㊁，参考第 4 章末的专栏）。

㊀　"缴费确定型年金"与"待遇确定型年金"虽一词之差，但意思相去甚远。后者的核心是事先确定退休金数额，而前者则突出职工退休前自己和企业交纳的退休金保险费数额，至于退休以后能够领取多少退休金则全由市场决定。——译者注

㊁　负所得税是用一个统一的方案代替现存各种收入支持方案（如福利、食品券等）的计划。是政府对于低收入者，按照其实际收入与维持一定社会生活水平需要的差额，运用税收形式，依率计算给予低收入者补助的一种方法。——译者注

金融政策的功与过

零利率与量化宽松

由于财政政策存在较大的弊端，所以现在在考虑宏观的稳定政策时一般采取的是金融政策。还有观点认为日本经济在 2003 年实现恢复也是因为日本银行实行的零利率和量化宽松的效果。但是日本银行的白川总裁表示，这种政策对宏观经济的影响其实是相当有限的。(《现代的金融政策》)

有一部分人认为日本经济现在"处于螺旋式通货紧缩，所以首先要改变紧缩的状态"。但是日本物价上涨率最糟糕的时候也不过是 –0.8%（年化），所以并不存在螺旋式通货紧缩的问题。2003 年以后，企业盈利，经济恢复，虽然存在紧缩，但是经济增长率开始向上爬，由此可知紧缩不是实体经济恶化的原因而是结果。因此，零利率和量化宽松作为狭义的金融政策，其效果有待考量。

另外一方面，白川总裁认为量化宽松"有效地避免了金融市场和金融体系出现动荡的情况"。当时"竹中计划"要求银行偿清不良债权。但银行售出持有的不动产等资产后，损失一旦确定就会导致资金周转不灵，进而引发信用危机。这时日本银行提供资金供给避免了流动性危机的发生，促进了不良债权的最终处理。而且，由于实行零利率的政策，银行利润实现了史上最高值，同时也成为债务偿还的资金来源。

还有一个意想不到的效果，估计当时日本银行也没有想到，那就是超宽松金融政策带来了日元的贬值。这在实质上起到了补贴出口产业的效果。如图3-3所示，汇率和股价之间存在着非常密切的联系。

日元和美元之间名义利率之差为2%～2.5%，通过日元套利交易（借入日元购买美元），毫无风险地就可以赚得2%以上的差额利润。尤其是2003年的"泰勒沟口⊖干预"，当时日本财务省对外汇市场实行干预，抛售日元、购进美元，十个月内累计金额达到35万亿日元，并且日本银行没有采取不胎化⊜，导致市面出现巨额的剩余资金。这次市场干预带来了日本出口产业的生机，这也促成日本经济在2000年前后走出困境。

⊖ 泰勒，美国人，当年美国财务部部长的汇率责任者，现任斯坦福大学教授，著名的泰勒规则的倡导者（当时日本的财务官名为沟口）。

⊜ 不胎化，日本中央银行在国际外汇市场上实施抛售日元、购进美元的干预后，又抛出相当于干预外汇市场等额的国债、汇票等有价证券，将流入市场的日元回购，使市场上日元流动量实际上并没有增加。——译者注

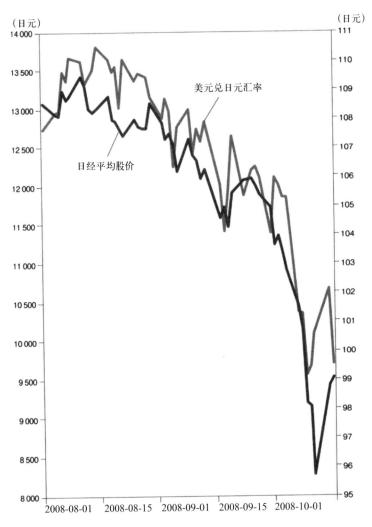

图 3-3 美元兑日元汇率与日经平均股价

但是日元持续走低，到 2007 年，日元套利的总额据说已经达到 1 万亿美元之多，一般认为美国房地产泡沫也与此有重大关联。日本银行的山口广秀副总裁也表示"宽松政策引发日元套利，这在一定程度上对海外市场也造成了影响"。

但是到了 2008 年以后，金融危机爆发，美元狂跌，日元套利交易亏多利少，又出现了反方向的美元套利交易。但是日元套利交易已经持续近十年，这期间累计起来的资金一下子全部撤出后带来美元的跌落，紧接着加剧美元套利交易……引发正反馈效应。太平洋投资管理公司（PIMCO）联席行政总裁埃瑞安认为这股日元套利交易的逆流已成为将世界股价拉低的"破坏武器"。

泡沫经济的教训就是金融政策不能着眼于 GDP 或是物价这类流动性指标，否则会很危险。20 世纪 80 年代后半期，虽然一直保持低利率、物价稳定，但是资产价格狂升，这次日本的零利率对美国经济的影响则是通过股价，形式上更为隐蔽。以流动的消费者物价指数为基准的通胀目标无法有力控制资产价格，所以这也难怪各国纷纷放弃实质性的通胀目标。

这一次的危机是全球资产价格走向修正的过程，日本这一个国家无法改变什么。能够做的仅仅是提供流动性供给，促进价格调整。最大的关键在震源中心——美国。美国经济不复原，做什么都没有用。在全球经济高度一体化的今天，不论是财政还是金融上，"一国实行凯恩斯政策"是无济于事的。

经济紧缩之下的金融政策

这次的经济危机让人们不得不重新开始关注传统金融政策的有效性这一问题。日本在20世纪90年代实行的金融政策也被看作先例，备受关注。当时日本银行冒险实行零利率和量化宽松但却没有换来经济恢复，对此，人们有很多种解释。

有一种观点认为是"惜贷"引起了信用萎缩。但按照这种理论，那就是说资金需求超过资金供给，那么利率理应上涨。但是实际上利率很低，虽然日本银行一直坚持零利率，但资金需求仍然低迷。

原因主要是泡沫经济时期留下的债务过重，企业还债压力大，作为资产担保的不动产在泡沫破灭后价值也出现下跌。就算是有新的感兴趣的项目，由于企业背负沉重债务，回转资金不足，资金需求大幅度降低，也就是出现了债务积压的现象。事实上在20世纪90年代，日本所有企业都处在超额储蓄的状态。通常，企业靠借入维系运营，但当时企业用于返还债务的资金超过了借入的资金，所以出现了非正常的超额储蓄现象。

像这样，资金供给超过资金需求时，自然利率（表示资金供给均衡时的利率）为负。（参照第2章章末的专栏）但是2000年以后，日本的经济陷入紧缩，将名义利率降至零，实际利率（名义利率－期待通货率）仍然为正，也就是出现了利率高于自然利率的情况。

比如说企业的资金需求大幅度减退，自然利率为-0.5%。也就是更多的企业在还债而不是借入，资金出现供给过剩，这时要使金融市场恢复均衡，利率必须为负值。20世纪90年代的日本还有现在的美国，都属于这类情况。

当时，日本银行的政策利率为0，紧缩若为-1%，实际利率为1%，所以自然利率与实际利率之差为$1-(-0.5)=1.5\%$。结论是为达到均衡，名义利率必须降为-1.5%。利率降到这里，估计没人会借钱了（因为钱借出去比还回来钱多）。如果银行将存款利率调至负值，储户们就不会把钱存到银行，而是锁在自家抽屉了。

所以，在通货紧缩的时候，实际利率超过自然利率，就相当于实行金融紧缩。这就是为什么日本银行虽然在 20 世纪 90 年代持续实行超低的利率政策但资金需求仍然低迷。这时我们就会涉及另外一个问题,那就是通过怎样的一种途径可以实现负利率。这种说法听起来好像有些不可思议,但其实很早这个问题就受到了大家的关注。凯恩斯在《就业、利息和货币理论》中这么写道:

> "西尔沃·格塞尔认为实际资本的增长受到名义利率的制约……对此,他提出的解决方案就是著名的'邮章货币'㊀。这个设想同他本人一样著名,并且他还因此得到了费雪教授的祝贺。这是一个很好的设想。"

可惜的是凯恩斯本人也对这个设想一笑了之。每个月所有的国民都要拿着自己的全部财产到邮局去盖章,这在操作上有很大的负担,物理上讲几乎是不可能的。要想实现负利率并非毫无他法。比如深尾光洋就曾经提出向国债和持有的现金征税的方案。这个提案也曾经被人看作天方夜

㊀ 邮章货币,即定期盖邮章才有效的货币。格塞尔的观点是,作为交换媒介的货币应该被看作一种社会服务(仅仅作为公共流通工具),因此必须对它征收少量的使用费。在格塞尔时代,邮章是征收这类费用的方法。——译者注

谭，一笑置之，但是我以为如果宏观经济政策可以采取这种提案，效果将相当直接明了。自然利率下降为负值是因为投资过少，债务过多。要解决这个问题的话，将政策利率也降为负值就好了。

此外，还有很多其他的方法。泰勒·科文的设想是所有的纳税人持有一个借方卡，由政府向卡里充钱。这个借方卡过了一定的期限就会失效。这和"邮章货币"非常相似，不过税务署是通过电子汇款向银行打钱，也就免去了人们亲自跑到政府部门换金券的辛苦，更具实用性和安全性。

岩村充则提出了用电子货币来实现负利率的设想。电子货币操作方便，设定灵活。比如说用电子货币返还税金，如果日本银行能够对利率进行操作，那么金融政策的范围将会得到扩展。有了这样的一个户头，今后经济不景气的时候，只要向这个户头归还税金就可以对经济直接作用。财政收支也可以实现中立。格里高利·曼昆也提出过向现金征税的负利率方案。但是负利率只能调整短期性的通货紧缩缺口，并不能带来潜在生产率的增长。从长远看，要想实现经济增长能力，必须进行规制改革。

········· 延伸阅读 ·········

通货复胀之争

要实现负利率,还可以考虑人为制造通货膨胀这种方法。哪怕无法将名义利率调到零以下,只要使通货膨胀率高于名义利率,就可以使实际利率变为负值。

所以,只需要日本银行设定通货膨胀目标,增大货币的供给量就可以了,这是曾经在日本受部分学者推崇的"通货复胀"论。

但是其实这个问题里面有两层问题需要考虑。首先,欧洲部分国家为抑制通货膨胀,采取的是央行限制货币供给的稳定物价目标。也有一些小国,之前和美元挂钩,转为浮动汇率制后为稳定物价采用了通胀目标。但美国联邦制度理事会(FRB)、欧洲 ECB 还有日本银行,都没有设定严格意义上的通胀目标。而日本的"通胀派"一直在争论的是在指标为正的情况下提升物价的人为通货膨胀政策。这两者不论在理论还是实践上都完全是两回事,将它们混为一谈统称"通货膨胀目标"正是混乱的根源。

第二,就算现在需要设定通胀目标,最后能不能成为现实,这也是一个大问题。出现通胀时,通过紧缩的金融政策可以结束通胀状态，但是在紧缩的时候如何制造通胀还真不清楚。

通货复胀派所用的理论来源于保罗·罗宾·克鲁格曼在1998年的一篇论文"It's Baaack"，文中主张如下：

（1）日本经济不景气是因为投资需求过低自然利率为负值，所以只要将实际利率也降为负值就可以解决问题；

（2）名义利率不可能降为负值，所以如果能够形成通胀预期那么实际利率就可以跌破零；

（3）但是实行零利率时，短期国债就等同货币，不论增加多少货币的供给都不会引发通货膨胀；

（4）如果能够让央行发布消息设定通货膨胀目标"接下来15年将会持续4%的通货膨胀率"就可以实现引发通货膨胀的目的。

前文已经提到，20世纪90年代的时候，日本的自然利率为负，所以主张的前两条都是对的。第3条，可能需要做一些解释：短期国债利率为零（即没有利率）时，就和货币一样了。日本银行进行购入交易时，就如同拿10张1000日元的纸币去换一张1万日元的纸币一样，不会使银行的资产构成发生变化，不会影响银行贷款行为。

问题出在第4条。保罗·罗宾·克鲁格曼明知道日本银行不具备制造通货膨胀的手段，却仍说"让央行发布消息，做出承诺，就可以形成通胀预期"。按照他的说法，日本银行就必须有一个明确的机制可以对预期进行调控，但是在他的模式里预期是外源性的，央行无法控制。也就是说央行没有能力制造通胀，所以就算央行发话"准备实行通胀"，估计也没有人会相信。

也就是说第3条和第4条是矛盾的。从理论模型上来讲是有破绽的。对此，日本银行的白川总裁还有植田和男都纷纷表示"克鲁格曼的理论有漏洞，日本银行不会采用"。克鲁格曼本人最近也承认此点，并已经放弃了人为通胀论。

金融政策说到底，就是在和时间竞赛。或许通货复胀派就是希望利用金融政策这种形式来赢得一些时间以期经济能够自然痊愈，但这是不可能的。金融政策只不过是短期的经济稳定政策，并不能对长期的潜在增长率发挥作用。

| 第 4 章 |

日式公司走向终结

我要说的城市(东京)有一个非常难得的反论蕴藏其中。"这个城市好像是所有的中心,但这中心却是空虚的。"……这个中心之所以存在,不是因为它在向周边辐射发信,只是因为有人在城中设置了这样一个空虚的点来牵制城中的一切变动,使其陷入永久的循环。

——罗兰·巴特

在我做学生的时候，成绩最好的同学去政府机关，其次是做研究者，然后是银行。记得有一次，我问一个拿到农水省内定名额的同学："为什么现在还跑去农水省？"他回答说："OB[一]很团结，以后方便转到其他私人企业。"我就非常诧异，他怎么就这么肯定40年后的日本还会这么快速发展下去。

当时我就觉得日本那种盛况不会长久，所以在选择职业的时候，我也是不求长久安稳，但求尽兴洒脱，就选择了我认为比较有意思的大众传媒这一行。但是后来很长一段时间我都在反省：或许自己的选择错了。因为20世纪80

[一] OB 为 old boy 略称。OB 会就是老毕业生、老校友的聚会。这里是指同校出身的学长对后辈比较照顾。——译者注

年代的日本可以说是世界的领航者，而指挥着日本这艘大船的正是政府公务员，他们可谓风头正劲。

转入20世纪90年代，情况截然不同了。"日本株式会社"这艘大船陷入泥潭，动弹不得。官僚们也只能眼睁睁地看着船舰缓缓下沉，无能为力。原先公务员还可以转到私人企业就职，但现在这样的职位也越来越少，所以我的那位同学现在面临着危机，年轻时工作，向机关"存钱"，但现在却有可能收不回"存款"……相比之下，我的情况倒显得好些。即将就业的这一代人，他们再去找工作，就不会再去考虑40年后会怎么样。现在公务员就没法去民企就职了。至于企业，哪怕是大企业，40年后都不一定能活下来。说到底，自己的人生只能靠自己把握。

公务员没有被解雇的风险，所以曾经是风险最小的职业。但现在情况完全不同了。这些公务员只掌握着有限的人际关系，从人力资本的角度来看他们的人力资源价值就是零，民企不会接收他们。转向民企的道路被堵死了，又没有清闲的挂牌职位，现在风险最大的就是公务员了。

公司是谁的

又傻又没有责任心的股东

公务员退休后转向民企就职,并不是现在才有的现象,但是最近对这种现象的批评声音越来越多。这也不是没有原因的。二战后日本经济复兴期,发展工业化所需的经营知识、技术都很匮乏,尤其是当时缺乏对于国外情况的了解。在这样一个背景下,就像战时派[一]这一代当中的经营者们所说的:"曾有一时,各个企业的社长就是厂长,机关的公务员就是社长。"城山三郎的《官僚的夏天》这本书描写的也是那个官僚的黄金时代。当时还有很多人看了那部小说之后就立志要做通产省的公务员。

但是20世纪90年代以后,"日本株式会社"这艘大船处处遇挫,指挥者官僚们的威信也遭遇滑坡。通产省打出的产业政策逐一失败,农水省更是变成了浪费巨额补助金的机构,大藏省的银行行政硬是将日本经济逼入绝境。官僚们在民众心目中的地位急剧下滑。从经济的领航者一下子变成了国民心目中误导经济发展方向、阻碍经济发展的包袱。

[一] 战时派,日本指生于大正末期至昭和初期,在第二次世界大战时期度过青年时代的人。大正(1912~1926年),昭和(1926~1989年)。——译者注

另外一方面，政府机关拥有的各项审批权力受到限制，相对地，民间掌握的信息开始增多。所以对于民企而言，接纳退休的公务员可带来的好处也就减少了。政府机关面对这种变化，也开始想要捍卫自己对民间企业的指挥权。例如，2008 年一度成为社会话题的经产省北畑隆生事务副部长（时任）的发言，就是很典型的一个例子。

没有能力的股东就是笨蛋。只想着快点卖出去得现钱的这些急功近利的家伙。毫无责任心，承担着有限的责任，却期望得到无限的回报。……当冲客㊀就不配有决议权。他们是股东中间最为堕落的典型，没必要给他们决议权。不给他们决议权还能配合《收购防卫政策》的执行。

（朝日新闻）

北畑在做官房长官的时候，由于对经济产业研究所进行言论压制被革职，后出任经济产业政策局局长时，打出了

㊀ 当日冲销，指的是为了从当日证券或商品价格的波动中赚取利润，或是在股票或金融激活市场上买进或卖出后，为了避免价格波动的风险，在当天进行抛补以轧平头寸，而在同一日买进及卖出同一档金融商品的投机式交易。会以当日冲销方式进行的大多是股票、期货、选择权、外汇等。使用这种交易方式的投资者常被称为"当冲客"（day trader）。——译者注

目标产业政策要推进日本本土搜索引擎的开发。

在大荣事件㊀当中,经产省不顾官邸和财务省的方针执意"再建",结果霞关㊁陷入长达三个月的混乱之中。北畑就任事务次官之后,公开拥护公务员转向民企就职的政策。他反对资本市场的自由化,将外资的资金看成是green mailer㊂。

他这么做是有原因的:资本主义就是经产省的天敌。过去,经产省和大银行曾经处在公司管理体系的顶端,但现在这一地位却被规模庞大的资本市场夺走。现在经产省大部分的公务员都处在部门内部失业的状态,优秀的人才也接连"脱藩"出走,进行校园招聘时也无人问津。北畑的

㊀ 日本大荣(DAIEI)株式会社创建于1957年,其前身是一家杂货店。从在大阪开设第一家店铺"主妇之店DAIEI"到1972年超越老字号的三越公司成为日本零售业霸主。与其他许多日本大公司一样,在20世纪80年代和90年代初,大荣株式会社的管理层似乎只注重规模不重视利润,因此到2001年时它的累计债务高达200亿美元,由于无力还贷,大荣成为当时日本"休克"公司的代表。鉴于这家公司机构庞大,拥有9.6万名雇员,因此不能轻言倒闭,但实际上它已经只剩下一副空壳。经济产业省是大荣的监管部门,希望尽量通过民间形式展开自主重组,但是大荣的主要交易银行——UFJ、瑞穗、三井住友(以及它们背后的金融厅)已停止金融援助,并表示不排除通过法律手段进行追究。所以最后只好求助于产业再生机构。——译者注

㊁ 霞关:指的是位于千代田区南端,从樱田门到虎之门一带,是政府机关集中地区。本书中作者用其代指日本的行政中心。——译者注

㊂ Green mailer,指的是大量购买目标企业的股票,使得目标企业或关联企业出于防御目的而以高价购回,由此收回投入的资金,以获得较高的溢价。——译者注

演讲里这种态度更为明显。在一次演讲中，他对《公司法》中"公司属于股东"这一规定大加批判：

> 看看现在这些公司，谁能带来利润它就属于谁。日本有1400万亿日元，世界的钱就更多了，有钱的人都说"这全是我的""那是我的"。难道就是这样的吗？社长以外，还有很多人。研究人员，还有每天都在竭力创新辛勤工作的员工，这些人才是公司利益真正的源泉。而现在这种全部归股东所有的规定，根本就不符合实际，根本就没有说服力。
>
> （経産省ウェブサイト）

北畑到底懂不懂经产省自己管理的《公司法》？这部法律里根本没有写过"公司全是我的"之类的话。《公司法》第105条规定了股东的权利，如下：

（1）有权享受剩余利润分配；

（2）拥有剩余财产分配请求权；

（3）拥有股东大会的决议权。

在这里，利润指的是按照雇用合同的规定向债权人支付之后的余额。要是公司出现亏损，利润就为零。"公司属于股东"就是在这个意义层面上。而且,这是有限责任,绝不是说"利益都是股东的",所以谈不上"毫无责任"。

北畑所认为的"公司是所有利益相关者"的。那这个利益相关者,又是指谁呢?按照他说的,"包含股东在内的、从业员、交易方、消费者等"。如此繁杂的利益相关者,如何行使决议权?这种把利益相关者的范围扩大的做法,颇有"社会责任"的论调,但是这会带来很大的道德风险,因为股东都掌握在经营者手里。而且,北畑自己说的"尊重利益相关者才能实现企业价值的最大化",其实归根结底还是股东价值的最大化。

北畑还说,维持雇用也是经营者的责任。但若真是如此,会起反作用的。业绩低迷的情况下,企业不裁员,反倒牺牲股东的利益来维持雇用,这样的企业,谁敢投资?没人投资,资金周转不灵,雇用越发难以维持。所以我们需要的是放宽雇用规制,建立健全的劳动者技能培养体制,促进劳动者在不同公司之间的流动。

总之,《公司法》第105条规定,公司只属于股东,这从经济角度来看,非常合理。经营者和员工只是签订了劳动合同,没有公司的所有权。碰到环境或是地域社会方面的问题,由政府制定规则,企业遵守,这才是民主主义。

劳动者管理型的日本企业

之前提到过，在日本的商法里面规定，公司（日语为：会社）是股东（日语为：社员）所有。所以日本企业将劳动者也称"社员"的这种习惯是在暗示公司由劳动者管理，其实并非如此。实际上，日本企业的经营者都是薪金制职工。另外股东的决议权受到"交叉持股"的限制，净资产收益率（ROE）不到美国的一半，2008年上市公司的平均利润率为负。

现代的日本社会中虽然还存留有生协和农协这样一些合作社经营的企业，但是由于经济效益不好，数量越来越少。这是因为单纯依靠劳动者管理企业往往会追求工资最大化，造成资本的浪费。将资本全部用来发放工资，资本积累就会减少，陈旧的设备得不到及时更新，企业就会被市场淘汰。

日本企业的创新在于将劳动者长期和企业绑在一起，限制在企业内部，对资本收益进行再分配，防止了资本的浪费。企业的利益是最后再返还给劳动者的，所以工会的作用就变成了协调"劳资双方的关系"，一方面将工资涨幅控制在一定范围内，另一方面避免解雇的发生，协助进行内部职位的调换。这种模式较之 19 世纪进行阶级斗争的产业资本主义更富灵活性，日本经济也借此实现了高速的发展。但这种体制存在着组织防卫性过强的问题。

当企业运营不佳时，日本的经营者显得非常温和，富有人情味儿，在解雇人员之前会做各种努力去削减可以削减的除劳动者以外的所有生产要素。换句话说，就是经营者把和劳动者之间默认的契约置于优先地位，其他契约都被摆到了后面。这看起来美好无比，但在想要实现生产要素的再分配时会非常困难。

所以，当企业有一个确定目标，需要集中资源达成这一目标时，应对这种渐变性的变化，让经营者或是劳动者这一部分工会内部人员来管理是最合适不过的。但是像组织或是资本重建这样大规模的变化则应该交给决策者，以实现所有权的转移。但是由于这相当于要资本家背弃之前同劳动者之间默认的契约，或许会面临劳动者不愿再在人力资本上做更多的投资的风险，所以这里还需要设计一套制度保证劳动力市场充满竞争的同时有充分的流动性。

也就是说，股东资本主义并不是全能的。在 20 世纪 80 年代的时候，日本经济处于渐变过程之中，内部人员的团结一致有效地推进了企业发展，这在当时是合适且有效的。

但是现在，整个产业结构出现问题，需要对资源进行大规模的再分配，既得利益的内部人员是不会欢迎新变化的，所以日本一直深陷死胡同。这个时候，就需要发挥企业作用，建立"公司控制权市场"，大刀阔斧地开始企业的收购和出售。

日式官僚社会的构造

空虚的中心

从直升机向下看夜晚的东京，一片灯火辉煌之中有一处如同黑洞一般，那就是皇居。罗兰·巴特将其视为日本社会的象征。日本由于历史上没有遭遇过外敌入侵，所以没有形成中央集权的军事共同体，而是一直由封建领主㊀等势力进行分权统治。

明治宪法中规定，天皇为国家主权拥有者，但是由于天皇实际上不行使政治权力，所以在这里出现了权力的空白。而填补这个空白，代行政治权力的力量则随着时代的改变不断地在发生变化。在明治时期，权力中心是由山县有朋这样一群元老在把持，这类权力协调机构并没有明文规定，

㊀ 江户时代指的是不拥有城池的小藩主和大名。——译者注

多建立在个人威信之上，在藩阀势力走向衰落之后，元老的威望也是日渐低下。

紧接着元老之后来填补空白的就是政党了。大正期间（1912～1926年）官厅的主要干部都是采用政治提名，由专业官僚出身的人来当政治家，拟定各项政策。政党作为立法和行政的中介，发挥着协调的机能。但是两大政党为维护自己的权力长期以来独占着高级官僚的职位，并和财界交往密切，腐败事件接连出现。

尤其是到了昭和年间（1926～1989年），世界经济大萧条，政党之间无视国民利益，一味追逐权力，大搞政治斗争，激起越来越多的不满，甚至在官僚界内部都出现分化。后来岸信介等一批新兴官僚和军部联手，抢占了商工部，将其改为"军需省"，并将权力集中于"企划院"。当时的政党为了夺取权力也都纷纷迎合军部需求。岸信介本人很信奉北一辉的理论，按照他的理论建立起战时体制，即由军部支配的国家社会主义。在"统帅权独立"这一规定下，军部不受议会制约。原本处于权力机构之外的军部转而变成了权力的中心，吞噬其他国家机构，随后将整个日本拖入战争一发不可收拾。

战后，这种无中心的官厅派系主义继续得以保留。到了经济高速增长期，轮到拥有预算分配权的大藏省填补空白。但是，高速经济增长期结束后，预算不再一个劲儿地增加，各省厅的预算分配也都趋向固定，大藏省权限开始受到限制。接着到了20世纪90年代，由于不良债权的问题处理不力，大藏省的威信一落千丈，下调为"财务省"，被剥夺了金融机能。

和岸信介相关联的政治思想在通产省中以"统制派"⊖这一形式得以保留，但是已经丧失了综合调整的机能。当然，通产省内部还有包括白洲次郎（第一代贸易厅长官）在内的"国际派"，但就像"平家·海军·国际派"⊜这一词所示，"国际派"从来不是主流。后来的"目标产业派"和"结构改革派"这对立的两派就是源自这里。但是"村上基

⊖ "统制派"，"二战"日本军队中的一个派别，以永田铁山等为核心，主张在军部的统治下，不使用武力，而通过自上而下的合法途径，进行平稳缓进的国家改革。统制派要求建立总体战的体制并要求加强对军队的统治。参与人物有东条英机。——译者注

⊜ "平家"（日本中世纪武士之一族），"海军""国际派"，给人印象潇洒、干练，然而势力却稍有欠缺，在对立势力面前往往采取妥协让步的态度，是日本社会的支流旁系。与此相对的是"源氏"（日本中世纪武士之另一族），"陆军""民族派"，外表庸俗，质朴刚毅，被认为是日本政府和企业的主流派。——译者注

金案件"㊀发生后,"结构改革派"基本上都被清洗干净。

所以,这种中心空白的状态,直至今日仍在继续,黑洞还在蔓延。过去,自民党各个派阀的首领就相当于元老。族议员㊁里面也有首领级人物。比如说,有关邮政族的事只要和野中广务打声招呼就好。可是现在,(暂且不论利弊)已经没有这种首领级的人物了。最近,在"较劲"参议院㊂这种情势下,议案的表决权已经分散到民主党(当时为在野党),由于议案必须得到一致认同否则没法通过,结果日本的政治越走越缓慢。

但是像这种议会中在野党占大多数的情况,其实在总统制的国家中很常见。法国还为此起了一个很新潮的名字:"保革共存"(cohabitation)。在美国,比如说布什政权提名

㊀ 2007年7月19日,日本村上基金前法人代表村上世彰被控在日本放送股票交易中涉嫌内幕交易而违反《证券交易法》。法院判处其有期徒刑两年,并处罚金300万日元(约合18.6万元人民币),同时还将追缴11.49亿日元。调查显示,村上在2004年11月8日从活力门公司前社长堀江贵文处获得活力门将大量购买日本放送股票的内幕消息,随后购买了约193万股日本放送的股票,并在高价时抛售。村上基金从中赚取了约30亿日元,而村上本人也获利至少1.5亿日元。——译者注

㊁ 族议员,特定决策领域的议员,如"农林族""商工族""运输族"。——译者注

㊂ "较劲"参议院是指,在野党在参议院占过半数的情况。其背景是"较劲"国会。"较劲"国会,是日本的一个政治用语,指执政党在众议院占过半数,而在野党却在参议院占过半数,造成国会众参对峙的状况。——译者注

的法官人选遭到参议院公听会的反对等,这种事情也并不少见。但是,在日本,由于没有一个力量可以超越各集团利益,将国家统一向前走,一旦出现这种"较劲"的局面,政治就会陷入迟缓停滞。而这种无中心的分散网络,发展至今已达1000多年,所以绝不是通过政权换代就可以解决的问题。

官僚的权威和权力

日本整个国家形态是在19世纪70年代年岩仓使节团前往欧洲考察后决定的。最初是想改正不平等条约,所以外出考察学习各国的制度。10年后,伊藤博文为制定宪法需要做宪法调查,所以后来的主要任务就变成向普鲁士学习各项国家制度,也就是在那时形成了日本这个国家的基本骨架。

伊藤博文非常认同国家学的权威施泰因所持的一种"进化型"的国家观:"行政中最重要的部分不应当由法律决定。"这种观念认为:现实是时刻变化的,能应对这样现实的不是君主的命令也不是议会的立法,而是官僚。正所谓"宪法是花,行政法是根"(泷井一博《文明史中的明治宪法》),日本这种官僚中心的国家构造一直持续到现在。

日本是向普鲁士学习的法律体系。但另外一方面，日本自江户时代起就有着学习儒家的传统，所以有许多制度也深受儒家影响。就在不久前，霞关的指示牌上还挂着"霞关官衙"这样的字样。

部分明治维新运动的领导者也受到吉田松阴这样一批儒学家的影响。

最能体现明治政府重视儒家思想的例子就是《教育敕语》。起草者元田永孚是明治天皇最为信赖的儒学家。一般认为，中江兆民和他的主张是完全对立的。但中江兆民将卢梭的"主权者"也译为"君"，可见他也是从传统的儒家思想出发来考量民权论的。就连在幸德秋水思想深处扎根的"武士道"精神，其实也可以说是儒家思想的变形（坂本多加雄《市场·道德·秩序》）。

在日本政府机构内部，人们并不要求公务员是具有某种专业技能的人才，而是希望他能够了解各部门状况，掌握国政全体，也就是说要有"君"的素养。这和中国古代的科举制有相似之处。科举考试科目并不是经济或法律，而是"四书五经"，也就是要求人们有"文人"的教养。所以，支撑官员权威的并不是专门知识，而是学问人的"德行"。

最具有代表性的就是"君子不器"，这句话出自《论语》。

所谓君子，不应当是有着固定形态的器皿。也就是说到不需要具备个别的技能性的知识，而应具备一种能够着眼全局、权衡利弊、灵机应变的能力。所以，科举的官员，用现代的观念来看，就是我们所说的政治家，他们精通某一类行政知识（也就是现在的实务型公务员，即晋级组㊀）。

在日本，存在着"霞关官衙"和永田町㊁这样两种类型的政治家。法律规定前者要服从后者，但实际上，从掌握信息的质或量来看，都是前者占有绝对性的优势，前者控制后者。这种双重标准也是引发日本政治混乱的最大原因。当然，日本政治混乱还有迟迟无法实现政权交替这一因素。但反过来说，就算是实现了政权交替，日本政局也不会有很大的变化，因为政权始终在"官衙"那边。而且，事实上在细川政权时期，霞关对政治的主导力是进一步增强了。

也就是说，在日本，支撑政府官僚机构的不是法律性的权力，而是作为最高学问代表的知性的权威。比如说，经

㊀ 晋级组，通过日本国家公务员考试的上级甲等或是Ⅰ种职的公务员，是中央省厅的官僚候补人员。——译者注

㊁ 永田町是日本东京都千代田区南端的地方名。国会议事堂、国立国会图书馆、总理大臣官邸（日本首相府）、众议院议长、参议院议长公邸、自由民主党本部、民主党本部、社会民主党本部等所在地，是日本国家政治的中枢地区。1936年国会议事堂完成后政治机能集中于此，"永田町"成为政界的代名词。——译者注

产省其实对 IT 界不具备任何认证权力，但他们一提出"信息大航海计划"，业界就蜂拥而至。为什么？这是因为人们还是认为霞关是整个日本的最高头脑集团。但其实，至少在 IT 业这个方面，恰恰是政府官员处在"信息弱势"这一方。

霞关的实心意面

日本大企业和政府机构的共同优点是执行力好，决定好任务后可以准确无误地执行，但是也有着同样的缺点，那就是没有能力制定出有战略性意义的决策。而这本应是行动的前提。日本的整体情况是路线方针出错后又很难修正。这些问题在日本企业的相关理论中谈得比较多，大家都比较熟悉。但其实在官僚机构里面也存在这类问题，而且相当严重。

过去，由于可利用的资源过少，面对"追赶型"的近代化任务，必须要动员所有可以动员的资源，这时行政中心的大陆法系是非常有效的。但是经济发展成熟之后，这种开发主义体系就日渐保守、僵化，市场中规制过多，阻碍了市场的发展。

而英美法系是另一套，即司法中心。由于实行分权，在意见达成一致以及政策的稳定性上都存在一定的问题。比如经常会发生财务省发起的银行救济方案被议会驳回,而议会制定的法律又被最高法院认定违宪这类事情,有时候会显现出效率低下的缺点。但是整个体系在设计之初充分考虑到政策出错的各类情况。所以一旦出现了路线方针性的错误,也容易得到纠正,具有较好的灵活性。

据日本一些官僚表示,和德国、法国相比,日本的法律更具有大陆法系的教条主义特征。所有的条例、法律也好,省令也好,都是官僚动笔,由官僚逐条解释。处罚也是作为行政处分加以执行。而且法律之间联系较弱,存在着纵向分割的问题,内容实质差不多的法律法规需要按部门类别分别制定,最后整体数量无比庞杂。这就好比 IT 公司帮银行做一套结账系统,银行方面的要求是一定的,但是不同的银行有自己的一套程序,做出来的系统也就五花八门。

而且,为了避免内容上的重复和矛盾,同一件事情用不同的法律做相关规定以求完备,结果法律就变成了实心意面,一团混乱。只要有一部法律需要改动就意味着其他的"关联法"也需要做大调整。税法改正的时候,除了《法人税法》和发放到各下级部门的通知需要做修改之外,《租税特别设置法》里也有很多地方需要做调整。据说一个税制修订的要求出来后,财务省方面一下子得列出 10 多个部门的负责人。

按照日本宪法的规定，法律由国会议员制定。但是在日本，70%的法律都是内阁提出，也就是由官僚来写法案。在制定法案的时候，实际的运作人员是科长助理，他搜集资料写成文稿，然后负责总指挥以及争取省内人士支持，四处活动的是科长，到政治家那里活动疏通的则是局长，最后的决定还有对外公布则是事务次官的任务。总之，整个政策立案流程中间政治家是不参与其中的。而且在争取省内人士支持的环节中，在族议员中有无活动能力是对政治家的能力的最大考验。

将原有的命令体系丢在一边，然后独自跑到族议员那里活动说："其实大臣的想法是……"这在日本非常常见。这就是我们说的"政官接触"的问题。本来指挥系统是以内阁为中心的，但是现在政策的决策实际上走的是另一套程序，也就是官僚内阁制。

当法律、关联法等形成纵横交错的"实心意面"的混乱局面时，只有官僚能够处理了。这也正是他们权力的源泉。尤其是在编写法律的时候，由于权力是官僚独占，所以如何表述就成了他们的自由。政治家的主要任务就是向外界承认已写好的法律草案，以及在国会上同在野党进行对话。

九成以上的法案都要在国会上通过，所以最关键的就是要列入通常法案。官僚中有人喜欢找碴，会有意无意地向在野党或是媒体透露一些负面消息，这样法案往往就被炒成了"对决法案"（有争议的法案），这样一来，在国会召开期间，就得一批人白天黑夜地团团转。

官僚们反对改革就是因为他们要继续维护这种谁也看不懂的"实心意面"构造（没有人可以摸清整体情况），因为"不透明"正是他们自身利益的护身符。他们将法律偷梁换柱改成政令，葬送改革的成果，让通过的法案成为实际的废案。所以，说起日本官僚内阁制的改革，前面还有漫漫长路要走。

阳奉阴违的官僚

现在正在进行的公务员改革，就是想纠正这种"实心意面"的混乱局面，想将其厘清为清晰的树状结构。但是究竟能否实现，这本身存在很大问题。就算真建立起一套体系，如果不符合官僚们的心意，官僚们表面上自不会说什么，但会在背地加以抵制。20世纪50年代日本依据职阶法建立起现行的公务员制度，是由联合国最高司令官总司令部（GHQ）引入日本的。按照这套制度，各个"官职"以职能为基础划分，各个职务中所应承担的"责任"明确清晰。晋职途径则是公务员通过参加考试，达到一定的"职级"标准后即可晋职。这套体系最初源自大企业，后来在企业中得到普及，后又作为"科学的人事管理制度"引入到政府部门当中。但是这一制度在当时遭到了以大藏省供给局为中心的官僚机构的抵制。官僚们表面上认可这套职阶法，但是为维护之前高等官⊖、判任官⊜的身份制度，他们在职阶的配套制度、薪酬制度上又规定了含15个级别的"薪酬等级"。这和战前15阶级的身份制度实质上是完全一样的。其中6个等级的晋级考试被称为"上级职位考试"，这就是战前高等文官的晋升制度的延续。

2008年日本废除了职阶法，但其实它从来就没有被真正实践过。我们现在称的晋升组这种上级职（现在的Ⅰ种职），其实也是完全没有法律依据的，晋升途径也好，还有退休之后空降到民企就职这种形式也好，都和战前是一模一样的，而且也没有晋升考试，现在实行的仍是战前的那一套严密的年功序列制。

⊖ 日本旧宪法规定的官吏等级的一种，任免需要经过天皇认可。有亲任官、敕任官和奏任官三种。位在判任官（委任官）之上。——译者注
⊜ 日本旧宪法所规定的最低级官职。在敕任官、奏任官之下，由各机关的首长任命。——译者注

像职阶法这样，尽管日本表面上植入了美式公务员制度，可实质上还是之前的老样子。我们不得不感叹日本官僚机构令人惊奇的生命力。即使在驻日盟军总司令（GHQ）这样将战犯送上绞头台的绝对权威面前，他们仍然当面一套背面一套，一直紧握权力，不肯放手。现在日本好像已然是法治国家了，但只要还有这些官僚存在，接下来的50年，法律还是会处于被忽略的地位，而我们也将仍处在"官治国家"的格局之下。

························ 延伸阅读 ························

负所得税和基本收入

如果将社会不平等问题仅看为收入差距，那问题很容易解决。向高收入人群征收高额税金，然后分给低收入人群就可以了。"分配公平"很容易得到国民的认可，但是说到增税问题就变得相当难了。要提高生活保障或是退休金得同时考虑财政来源问题，否则政策就失去了可行性。

现在的生活保障制度最大的问题在于它的保护对象是"不劳动的穷人"，而"劳动的穷人"也就是"穷忙族"却不在其保护对象范围之内。申请生活保障获得的钱比自己劳动所得要高，而且一旦自己有工作了，就会失去获得生活保障的资格，这样一来无疑会打击人们的劳动积极性。

就这个问题，弗里德曼曾经提出过解决的方案。那就是负所得税。根据低收入人群的实际收入与最低收入征税线的差额，按照一定比例，由政府向低收入人群支付一定保障金。比如说，最低收入划在300万日元，如果一个自由打工者的收入在180万日元的话，那么其中的差额，比如说按照50%的比例的话，就是60万日元就由政府补贴。

这个方法一方面可以保障低收入人群的利益，另一方面又不会打击人们的劳动积极性。美国在1975年开始实行的劳动收入所得税抵免（EITC）就和这个比较类似。欧洲议论比较多的也就是基本收入（向国民发放一定的现金），在效果上也是一样的。前面我们说的那个例子，就相当于每一个国民都有150万日元的基本工资作为保障。

他所提倡的这种制度并不是之前的生活保障制度的补充，而是要把现在我们实行的所得税体系还有生活保障体系以及公共退休金体系等全部废除，不论收入在所得税基准收入线的上面还是下面（按照一定的正或是负的比例），通过执行单一税，对社会福利和税进行统一管理。这样一来，税制就变得相当简单，连厚生劳动省都可以不要了，有望建立起一个高效的福利体系。

但正是因为其高效性,所以直至今日,世界上还没有任何一个国家实行这套方案。因为这会导致大量官僚的失业问题。现在在这种效率低下的"福利国家"模式之下,很多的转移支出都是用在了官僚的工资发放上。如果可以将这些费用全部砍掉,用负所得税将社会福利和税制统一起来的话,或许可以提高最低生活保障的水平。

资料来源:フリードマン『資本主義と自由』。

第 5 章

"制造立国"的神话

战场上的战斗无法弥补战术上的失败,战术无法纠正战略的失误。
——野中郁次郎《失败的本质》

日本经济长期停滞不前的一个最大的原因就是日本没能及时赶上20世纪80年代的第三次工业革命（信息革命）。日本企业的经营模式和"第2.5次产业"㊀，也就是知识集约型的制造业的需求非常匹配，却不太适应信息产业的需求。产业结构本身发生了这么大规模的变化，很难通过企业自身的努力来弥补这些缺陷。当然，也有像IBM这类成功的例子，但毕竟是少数。更多企业困在旧式经营模式中间，在同新企业抗衡竞争的过程中败下阵来，被市场淘汰。

而日本在信息革命之后，迟迟没有新兴企业出现，没能实现企业的更新换代。市场上占主导的还是之前由"IT总

㊀ 第2.5次产品，是指在产业结构调整中"转移到新兴工业国（地区）去的附加价值低的第二产业生产的产品，再用'软技术'将其武装起来"的一种新产品。由于这类产品是制造业与智能产业的结合物，其性能、质量等都是非常高级的。相关产业被称为第2.5次产业。——译者注

承包商"引领的系列企业模式。日本企业的传统优势领域，如汽车或是家电领域，技术优势得不到最大限度的发挥；在电脑领域，日本企业全部加起来还不到世界市场的1%；而在通信设备领域，日本所占比例几乎为零。

于是有人提议用"日之丸技术"打开僵局。其实问题的关键不在技术。单看申请的技术专利数就知道，日本的技术水平仍处在世界前列。但是日本缺乏将技术和生产力结合起来的经营战略，以及能够将战略运用于实践的领导级人物。在经营领域，现在最重要的是经营模式的创意。技术在全球市场上通过市场调配就能以低价轻易获得。

"磨合优势"失灵

丰田的失败

这次经济不景气中最让大家跌破眼镜的恐怕要数丰田遭遇公司史上首次赤字危机的事儿了。日本人具有磨合性好的特点，所以经产省里曾有人提出应该将一些精度高、磨合性要求高的产业作为重点产业发展。但在丰田遭遇赤字之后，估计会有不少人不再抱有这种幻想了。这种精益制造、磨合性好的结构其实并不是战略最优化后的结果，而是日式组织本身的模式，还是日式组织单一的模式。在高级汽车这个领域，由于要求各类技术高度匹配，所以日式组织模式显得尤为有效。可现在已经是信息社会了，所有工业制品都开始步入组装时代，零件的模块化还有组织的水平分工已经是世界大趋势了，"磨合性好"已不再是一种产业优势了。

当然，之前那种高精度的高级汽车不会就此退出市场，但已不再是成长部门了。就像瑞士的钟表和相机，现在已经成为一种奢侈品的象征。现在，中国已经实现汽车的模块化生产，印度也推出了30万日元以下的低价汽车。因此很多人认为丰田遭遇赤字危机的一个重要原因就是过于依赖高端的大型欧美市场而忽略了新兴发展中国家市场。而欧美市场的低迷并不是经济周期的问题，美国过度消费规模预计将会进一步缩减，欧美市场的低迷是一个长期性的问题。

丰田在此之前能创造出令人惊叹的收益成绩，是因为美国有通用汽车这类更大型、效率更为低下的恐龙公司。汽车市场本身也没有像计算机市场那样遭遇划时代的变革的洗礼。而被暴风骤雨袭击的电机制造业，现在从世界范围来看，已经沦落成为信息通信设备市场的二流企业了。由于汽车产业对设备投资有一定要求，所以进入门槛较高，整体结构上的竞争比计算机领域慢了两个世纪。

对比较优势的误解

高精度技术缔造产业神话的代表者丰田已经没落，这也证明了那种想将"日式制造"作为出口产业或是企业战略的想法已经不符合时代潮流了。在《文艺春秋》2008 年 3 月号上，经营学者藤本宏这么写道：

> 自由贸易市场之下，贸易输出的可能性（表面的竞争力）是由本国与他国的生产力之差（实质竞争力）的大小决定的。这是 200 年前古典经济学的巨人李嘉图一语道破的"比较优势"，是经济学里面最富生机的理论之一。

这里其实出错了。关于"比较优势"，下面是我从维基百科上找到的正确的解释。

> 比较优势指的是，哪怕某国的生产力较低，但在贸易上仍可以处于一定优势。比如说有酒和毛织物这两种商品。各国生产情况如下：

小国：单个劳动者可以生产2单位酒或4单位毛织物；

大国：单个劳动者可以生产10单位酒或30单位毛织物；

也就是说，不论哪种商品，小国的生产力都不如大国。换句话说，大国不论在毛织物还是酒的生产上较之小国都占据着绝对优势的地位。照这么说是不是小国就毫无竞争力了呢？答案是否定的。小国在生产酒上占据着比较优势。该怎么解释这一现象呢？在小国，生产1单位的酒和生产2单位的毛织物是等价的，而在大国，生产1单位的酒和生产3单位的毛织物是等价的。也就是说，在造酒这方面，小国的制作成本相对较低。

所谓比较优势并不是比本国与"他国"，而是在本国范围内某产品和其他产品的生产成本之比。用一个通俗的例子来解释那就是"就算爱因斯坦打字比他的秘书打得快，他也不会去打字"。决定出口竞争力的绝不是藤本宏搞混淆的绝对优势，而是比较优势。所以现实中生产力较低的国家仍会有大量产品出口到日本。如果将刚才例子中的大国和小国换成日本和中国的话，那么就有下面这样的情况：

中国：单个劳动者可生产 3 辆大众车和 1 辆高端车；

日本：单个劳动者可生产 20 辆大众车和 10 辆高端车。

按照上面这种情况，不论是哪种产品，较之日本，中国都处于绝对劣势，但是在大众车上中国却占有比较优势。因为在中国，制造一辆大众车的机会成本是高端车的 1/3，而日本是 1/2。所以，如果中国集中制造大众车的话就会比日本更具优势。反过来，日本能够向中国出口的只有高端车（因为有竞争优势），所以丰田将主力放在高端车上是合理的。这种比较优势的格局在短时间内不会发生变化。

但现在的问题是高端车的市场在缩小，新兴国家的大众车市场在不断扩大。在中国，大众车全部采用组装方式生产，连引擎都是外包的，所以价格比丰田的一半还低。这种全球市场的变化才是丰田陷入经营危机的真正原因。也就是说，不是丰田失去了比较优势，而是高端车的比较优势不再发挥作用。

所以说，藤本倡导的"高品质、高精细"的战略是错误的。他想要集中其他经营资源，进一步提升高端车的品质，但实际上在高端车领域，日本虽有比较优势，但没有销售市场。像这种在已有的技术之上精益求精，最后陷入"高品质、高价格"的死胡同里的创新，克莱顿·M. 克里斯滕森称为持续性创新㊀。不顾市场反应，一味执拗追求品质精度，最后就会被"低品质、低价格"这种大众车的破坏性创新㊁打败，这正是丰田遭到世界市场驱逐的原因。

"勤勉革命"的咒语

日本制造可以追溯到江户时代。英国爆发产业革命后，市场经济带来了农村经济的工业化，在农村也形成了资本集约型的产业。而日本由于资本积累不足，市场被农村吸收，进而建立起高品质的劳动集约型农业。在日本，出现两季稻或是梯田的目的就是通过技术的进步，争取在有限的农地上最大限度地提升产量。日常劳动也呈现出时间较长这一特征。经济学家速水融模仿产业革命（industrial revolution）的说法将日本这一变化称为勤勉革命（industrious revolution）。

勤勉革命出现的原因主要是自江户时代起，日本的人口密度就远远超出欧美各国。据推算，1750年的日本人口约

㊀ 持续性创新，是一种企业最常使用的创新类型。企业通过不断提升企业的性能特征，以更好地满足市场的需求，也就是在现有市场中通过产品关键性能的不断改进来深入挖掘市场潜力。——译者注
㊁ 破坏性创新是指一种不会为主流市场中的消费者所用的创新，可以通过为非消费者提供新的性能特征来创造新的市场，也可以为现有市场的低端消费者提供更多的便利或者更低的价格。——译者注

为3200万，这个数字相当于英法两国的人口之和。其中，日本江户的人口达到120万人，是当时伦敦的1.5倍、巴黎的3倍。还有一个重要原因就是日本自然条件优越、粮食充足并且社会长期处于和平状态，没有战争破坏。

节约稀缺资源，消耗丰富资源，这是经济学的一大原则。日本很多技术都是通过大量使用劳力来节省资本，也是因为这个原则。纵观江户时代，可以发现人们更多地选择用人力而非家畜进行耕作。这是因为日本土地资源稀有，为有效提高土地的利用率，人力显然比家畜更合适。西欧国家圈之外的日本，能够在经济上取得现在的成绩，无疑和这种勤勉精神是分不开的。

这种勤勉精神至今还留存在日本公司里面。公司职员往往自发加班到深夜。工作结束后还要和同事喝酒聊天、巩固感情。这种紧密的人际关系无疑是日本人磨合性好的基础，也造就了日本制造业高精度的品质。所以，日本企业在汽车或是家电这类对磨合性以及精度有较高要求的领域能够取得成功。

但是随着产品的模块化和全球范围内水平分工的发展，这种劳动集约型的"磨合"或者是"工匠"的优势正在不断减弱。模块化生产降低了劳动难度，所以公司没必要给蓝领工人正式员工的待遇，而是越来越多地将生产据点转移到中国或是其他地方。另外，为提升效率，市场上对IT系统的需求在增大，具有设计能力的知识劳动者变得抢手。这里就出现了劳力供需缺口。然后，劳动者收入的差距也呈现出不断扩大的趋势。

现在这种"技能偏向[一]"现象带来的收入差距扩大已经是一个世界性问题了。但是日本由于劳动力市场流动性较低，所以表现得还不是那么明显。但是人力咨询家海老原嗣生表示现在日本也已经出现了收入差距扩大的趋势。所以这里存在一个供需失调的问题，不是绝对需求不足，而是单纯劳动者[二]过多，能够熟练运用IT等专业技能的人才又不够。现在技术已经实现数字化，单纯劳动完全可以通过组合程序来解决。

过去，公司的新进员工从简单体力劳动干起，然后到公司各部门接受锻炼，掌握各种技能本领，工资也随着时间慢慢上涨。在这种模式中，技能的熟练程度与经验往往是同步增长的，所以年功序列制也是有一定道理的。但现

[一] 技能偏向，技能偏向型技术进步，是指在这种技术进步的模式下，劳动力市场会更加依赖技能水平比较高的劳动力。——译者注

[二] 单纯劳动者，相对于"具备专业和技术的劳动者"而言，可概括为"不需要特殊的技术、技能和知识的劳动者"。——译者注

在数字化技术带来了模块化生产，只要有说明书，其他国家的劳动者哪怕不知道原理是什么，也可以按照说明操作。这种技术进步直接导致了非正式员工队伍不断壮大，引发社会差距问题。所以说到这里，问题就不是"穷忙族很可怜，我们需要帮助他们"这么简单了，而是在这样全球分工构造发生重大变化的背景之下，日本产业如何求得生存。

IT 总承包商的末路

系列构造抹杀创新

像丰田这类典型的日式系列承包结构在日本的制造业中相当普遍，这是一种建立在长期合作基础之上的管理体制，起源并不久远。在二战结束没多久时，日本的大企业和中小企业之间的联系还不是很紧密，一旦经营恶化，之前签订的承包合约就取消作废。这在当时是很平常的事情。

但是大公司老这么不讲情面，以后经济好转了有可能找不到合适的中小企业愿意合作，所以从 20 世纪 60 年代后体系渐渐发生变化，改为由大公司来承担经营风险。这也正好是雇用关系走向稳定、长期雇用制度得到普及的阶段，所以从减少公司固定费用的支出这一方面来看，（由于无须增雇正式员工）这种承包、转包的生产方式是很合理的。

日本和美国的供货渠道最能体现这两个国家在企业体系上的差别。美国的汽车厂家基本都是通过公开招标来募集各个零部件的供货商。为了保证所得到的零部件价格最为低廉，通用汽车的供货商达到2000多家，而且基本上合约都是以1年为限。而日本汽车厂家的供货商不到300家，最短合约期限为4年（为模板换代时间）。当然，在汽车这个领域由于对各零件之间配合性要求较高，所以这种日式结构也非常合理，直至今日，这种优势仍然存在。

像汽车这种产品，由于零部件较多，只要有一个达不到要求就可能会影响到整体，所以这种长期合作的关系可以保证各方信息共享，是相当重要的。而且，由于部件不是通用的，所以从部件设计之初就要求各方通力协作。这种构造其实在日本各个领域都存在，但是在汽车业界取得骄人成绩则是因为最终产品是在世界市场上进行竞争的。如果没有竞争，或许就会像日产那样，出现大公司和中小企业之间相互包庇的情况。

IT总承包商之所以走向没落是因为最终产品（软件）成为政府部门或是银行订购的定制化软件，最后失去参与世界市场竞争，从而提高自身的机会。曾有一个朋友给我打来电话，非常气愤地说："国交省现在要向 IT 总承包商订购省内专用的邮件系统。"后来由于他坚决反对，最终没有实现。但经产省用的就是那套省内邮件系统，这套系统非常糟糕，使用极不方便，不论回谁的信，每次回信都必须给所有人发一遍。我在经济产业研究所的时候就对此提出了意见，后来终于废止了这套笨拙的系统。

另外 IT 元件技术已经走向模具化，过去对汽车零部件有较高的磨合性要求，但现在已经不需要了。业务用的软件生产现在都已经通用打包化，传统的 IT 总承包商的定制软件已经不再符合时代需求，应该尽早舍弃。但是订货方不具备这类知识，而在产品说明书上，IT 总承包商总是会表明条件说："需要配套使用。"所以在双方合作中 IT 总承包商占了极大优势。

IT 大构造最根本的问题就在于订货方一无所知，而业务方具有专门知识，所以订货方是处于弱势地位的。就像一位 IT 总承包商内部人员所说的："政府部门的科长每两年就会换人，所以只要那个时候我们去告诉他们怎么使用就好，那时，他们就只能依赖我们的产品了。"

所以现在最重要的就是要有一个合理的供货体系。订货方政府还有企业这边需要有 IT 专家，自己决定产品需求，有标准组合程序时尽量使用标准的版本，而且不能仅仅将对象锁定在这类总承包商身上，要让其他企业也加入竞标环节中。这个体系迟迟建立不起来的原因就是日本政府在人事任用上一直崇尚"多面型领导"（非特殊技能型）还有"纯血主义"。所以要想建立灵活的劳动力市场，首先要撤销对正式员工的过度保护，然后在雇用外部专家时要设定期限，也就是说项目终结时，合作结束。

"战舰大和"式超级电脑

近来，NEC 和日立纷纷表示将要退出理化学研究所的通用京速计算机项目。企业中途退出国家级项目，这实在少见。但其实这个项目自立项以来就一直饱受质疑，设立之初是想要开发海洋研究所的"地球模拟器"的后续机种，但由于后续机已经开发完毕，所以这才想出开发京速计算机。就连政府的综合科学技术会议也指出："（通用京速计算机项目）要达到的成果目标，以及对于最终目标——超级计算机系统所能达到的技能、性能等都不够明确。"

也就是说我们为了发扬一下日本国威，为了夺回"世界最快计算机"这一宝座，投入了整整 1150 亿日元的巨资。现在世界上运行速度最快的 IBM 蓝色基因 L 超级计算机（Blue Gene/L）的开发费用也不过1亿美元（约100亿日元），相比之下，京速计算机的成本令人咋舌。日本政府在当时还计划在2010年的时候推出每秒运行1000万亿次的超级计算机供海外使用，每台的成本都是以千万美元作单位。京速的造价约是它们的百倍，但最后速度却也不过每秒1万万亿次，等这个项目完成了，估计连世界前十也进不了。

为什么在性价比上会出现这么大的问题？因为地球模拟器和京速计算机采用的是昂贵的专用型矢量CPU。这种矢量型处理器在过去大型计算机时代是主流，它将众多CPU并列起来最终形成一个CPU集群。但现在由于个人电脑处理器在市场上非常普遍而且售价便宜，所以世界上的超级电脑一般都使用无向量CPU，通过连接众多通用处理器（英特尔等）来执行运算。

而且，这1150亿日元的投入不过是对现阶段建设费用的估计。实验室为3层结构，总面积为地球模拟器的3.5倍，近2000台机器所消耗的电力为40兆瓦，每年的管理维持费用超过80亿日元。而且从最后落成地点附近需要关西电力建设专用发电所的电力支撑这点来看，最后总经费还会进一步膨胀。文科省专门评价调查会的工作人员对项目进行后期跟踪调查时也对巨额开支提出质疑。

另外，还有一个严重的问题就是订购方理化学研究所的项目领队人是来自 NEC 的"空降部队"。这样一来在订货时，免不了用公家的钱给老东家高价。这显然不符合一般运作原理，比总承包商的串通投标还要恶劣。最后这么大数额的一个项目就这么武断地做出决定将单子发给三大 IT 总承包商。一般说来超级电脑项目都是在国际范围招标。如果公开招标，肯定会有海外队伍加入，造价会比纯国产的便宜得多，可能能减少两位数的水分。但是现在这笔巨款最后都得由纳税人掏腰包了。

最后关于项目的落户地点，又是一番争夺战。胜出的是神户的兵库人工岛。当地有人质疑，当地属于交通要道，而超级电脑根本对交通没有需求，选址好像不太合适。不过，据说当地政治家们拿着一块空地不知作何用途，所以最后就同总承包商拍板定案。

总而言之，这个公共事业就是借着超级电脑之名，用巨额税金为在世界市场上败下阵来的日本 IT 承包商续命。美国政府将超级电脑提升到国家项目，那是出于军事考虑的结果。但京速计算机，属于一般性的科学技术范围，动用国家投资不会有多大意义。还不如像东京工业大学的 TSUBAME

（造价20亿日元，性能比地球模拟器还要优越）那样，各个研究所一起借用一个中等规模的并列计算机就好。

IT总承包商的危害比建筑总承包商的危害还要大。因为建筑业的生产力下滑不会给日本经济带来多么大的影响，可是信息产业不一样，它关乎一国在世界范围内的国际竞争力，所以政府一直将其作为头等课题加以重视。现在世界上像Google等都开始使用云计算技术，用众多的通用处理器进行分散式计算。可日本却将大批优秀工程师投入到这种规模型的"战舰大和式电脑"的项目中，可以说是严重落后于时代。这不仅误导IT行业发展的方向，还造成了人才的严重浪费。

漂流中的信息大航海项目⊖

有一次碰到了经济产业省信息大航海项目的工程师，他告诉我："现在的状况比你在的时候更糟糕。大家现在都不说'大航海'了，都说'信息大后悔'⊜。"这个项目的最

⊖ 信息大航海项目，该项目是日本经济产业省于2007年度开始实施，计划历时3年开发下一代检索/解析技术的国家项目。旨在通过开发采用"下一代检索/解析技术"的模型服务，并进行验证，为将来扩大信息服务范围和创出新型服务构筑共同基础。通过本项目引导日本数字融合的同时，面向数字融合积极打基础，努力在全球市场创出新兴产业。——译者注

⊜ 日文中"后悔"和"航海"发音一样。——译者注

初目标就是"超越 Google 的日式引擎",结果饱受争议,后来就变成了漫天撒网什么都做,最后都不知道到底要干什么了。2008 年,对外公布的具体实证项目如下所示:

- 个人生活助手;
- 阶梯⊖型搜索引擎"阶梯搜索";
- 促进区域经济的 e 空间服务平台"puratto";⊜
- 对话型服务"就是这里了";⊜
- 多语言应对动画应用平台;
- 跨业界的共同 ID 流通服务;
- 下一代解析技术的手机信息末端健康管理;
- 新综合安全航运支援体系。

看来看去,都不过是一堆软件开发项目罢了,给这种项目起名叫作"大航海"倒真是讽刺,因为股份有限公司这种制度还真就是在大航海时代诞生的。由于航海项目风险极大,出航后可能有一半的船只都回不来,所以筹资时,

---

⊖ 阶梯:与对方通话时,通过反复、慢慢往下挖掘的提问,发掘对方的需求及价值观的手法。——译者注

⊜ 打造某街道的"热点电子地图",逛街人的所看所想可以随时通过手机或是各店铺传感器末端、专用博客发布出去,供大家分享。——译者注

⊜ 一种对话型服务,比如在咖啡厅向顾客推荐这家咖啡厅的招牌料理,或是可提供饭后游乐休闲场所等建议,即通过人机对话的形式提供即时服务。——译者注

需要将风险细化，若能安全无事返回，那么利益由各股东分享，一旦失败，相对而言各股东承担的损失也不会太大。在这种体系之下，人们承担的是有限责任，有利于分散风险。

从某种意义来说，现在这个时代就是"信息大航海时代"。愿意放手一搏碰碰运气的冒险家们拿着各自的梦想计划书到处争取资金，而投资家们虽然知道其中隐藏的风险，但心想10个当中有1个能成也是不错的，所以就在这种风险项目上实行"广种薄收"的策略：第一回合下来，项目运行较好的话，就继续追加投资，运行不好就停止投资。冒险家们在这种进化论机制下经历一次又一次的淘汰赛。

但是现在日本的"信息大航海"是一个有着既定目标的企业扶持项目，大家得齐心协力共同对抗Google。项目不允许失败，风险自然也无法估量。当所有成员都承担起无限责任时，结果就是没人问责。经产省的大型项目通常都是以失败告终的，并且每一次失败之后都是没有任何交代，最后不了了之。

支持这个项目的是一群御用理科学者。这些学界的首领在政府机构的审议会上还担任着议员的职位，在预算争夺中也可以出不少力，得到预算后他们可以分到丰厚的研究经费，然后将任务下放给自己的学生，学生又在学校里面动员研究生，答应在完成研究目标后，每人可分得一部分研究经费……这里又是一个承包商组织。

但是这种组织并不适合现在的大航海时代。没有人知道今后将会面临什么时，就只能尽可能地允许、鼓励人们去冒险，失败了尽快抽身换个方向继续投资，所以这里需要的是股东资本主义。股份有限公司问世是在16世纪。那时英国还是一个小国，当时世界上最大的国家是明王朝（中国）。明王朝的一套体系在动员军事力量上面非常奏效，却不适合进行冒险。在后来长达400年的体制较量中，历史已经告诉我们究竟哪种经济体制更为优越。

在日本，由NTT领军的通信业界已经崩溃，依附政府机构和银行生存下来的计算机业界在世界市场上也处于弱势。在这种情况之下，政府还认为自己可以为民间企业导航，这实在让人不知说什么好。这还不是最严重的，更大的问题出在那批御用学者的身上。他们的理论是构造之基，但他们对风险管理毫无概念，一直错误地认为着力"制造"，就可以达成政府的既定目标。

不打破这种官僚独占立案资源、研究承包结构的局面，就无法根除日本社会的病根，也就无法从根本摧毁日式官僚社会结构。在美国，研究机构有着非常大的影响力，被称为"第五种权利"。而在日本没有真正意义上独立的研究机构，政治要想迎来真正的发展和进步将是困难重重。

.... 延伸阅读 ....

空白波段

批评了财政和金融之后，现在得说说加大民间投资的事情。在这方面政府最大的一个改革就是开放无线电。有人说，无线电属于稀少资源，所以应该实行配给发放。这其实并不对。罗纳德·科斯在1959年的时候曾说过一句非常有名的话："这世上伦勃朗的画只有这么多，所以应该拍卖。"而市场机制就是一种可以对稀缺资源进行有效分配的机制。

从无线电的利用状况来看，并没有实现高密度的使用。就算是在使用频率最高的3000兆赫频率这一块，全日本无线电最为密集的涉谷地区也存在着90%的空白。出现这种浪费是因为频率分配。

图 5-1 就是 UHF 频率带的分配情况。其中 53 ~ 62 频

频道	水户	高荻	筑波	日立	鹿岛	山方	大宫	男体	北茨城	龙神平
13	■									
14	■									
15	■			■						
16							■			■
17	■			■						
18	■			■						
19	■			■						
20	■			■						
21							■			■
22						■	■			■
23						■	■			■
24						■	■			
25						■				
26					■					
27										
28										
29										
30										
31								■		
32										
33										
34					■		■			
35		■								
36										
37										
38		■								
39		■								
40									■	■
41		■								■
42										
43										
44										
45										
46		■								
47		■								
48										
49			■							
50										
51										
52										

图 5-1　UHF 频率带的分配情况

道是 2011 年以后准备分配给通信以及 ITS[⊖]的，13～52 频道（470～710 赫）是分给数字地面电视广播。但就算是在最大的关东地区，各部门同时使用，NHK 加上 7 个民间放送局、独立的特高频（UHF）局以及转播局等，也只会用到 40 个频道中的 12 个。剩下的全部给了电视局却得不到利用，造成了极大的浪费。这种波段我们称为空白波段。

比如说茨城县，本来接收的是东京塔的无线电。在推进数字化进程时，由于海老泽胜二（茨城人）是时任的 NHK 会长，在他的强烈要求下，茨城得到了分配。再比如说水户市，有 13～52 总共 40 个频道，其中电视台分到的是 13～15 和 17～20 总共 7 个频道。剩下的那 33 个频道（198 兆赫）就一直处于空白状态。这些都是空白波段。手机业界的相关人士若是看到这种资源闲置的局面估计会很郁闷的。

2008 年，美国联邦通讯委员会（FCC）放开波段空白区域，推行"无牌照频段"，使用空白波段无须再得到监管机

⊖ 智能交通系统（Intelligent Transport System 或者 Intelligent Transportation System，简称 ITS）是将先进的信息技术、通信技术、传感技术、控制技术以及计算机技术等有效地集成运用于整个交通运输管理体系，而建立起的一种在大范围内、全方位发挥作用的，实时、准确、高效的综合运输和管理系统。——译者注

构的认可。虽然电视台提出异议，强调实行拍卖，但最终还是"无牌照"地放开。在日本，NHF在全国范围内存在着200兆赫的空白，如果这一空白也可以放开，供人们自由使用，那么低廉的无线宽带也就有望实现了。

Google在此之前就曾向FCC公开请求，希望开放空白波段。现在开放后Google也对美国这一举动表示热烈欢迎，不过没表态将会如何使用。关于探测空白波段的通信技术以及通过各地域波段数的数据库来调节波段的技术，现在摩托罗拉还有微软公司都还处在技术试验阶段，没有出台一个具体标准。现在大家比较关注的是比无线局域网（LAN）更高效的公共无线技术，无牌照的公共无线或许有一天也会出现在大家的面前。

另外空白波段开放之后给经济带来的好处也是相当明显的。美国开放200兆赫后损失了2万亿日元，但计算机终端设备也借机畅销起来，新服务不断问世，推动了几十万亿日元的经济增长。无牌照波段的推行虽然减少了国库的收入，但是给消费者带来的利益是相当大的。

更为重要的是开放空白波段会激发自由创新。日本企业将能够同国际企业如Google开展竞争。这次的经济危机摧毁了出口产业中效率过低的承包体系。今后这种创造性的破坏力将会继续发挥作用，进一步开拓新的市场，尤其有助于提升高成本低效率的服务业，促进通信产业的发展。所以说开放无线电实在是相当高效的经济措施，不需掏钱却可以净得数十万亿日元的广阔市场，激发市场创新活力，刺激经济发展。

| 第 6 章 |

创新和经济增长战略

> 爱丽丝:"感觉一直都在树下面,什么都没变过。"
>
> 红桃皇后:"在这里要想保持在同一个地方不移动,就得不停地奔跑。要是想去其他的地方,那就得以加倍的速度奔跑。"
>
> ——查尔斯·路特维奇·道奇森

资本主义就像红桃皇后的世界一样，需要时时创新，否则就会在竞争中败下阵来。这和新古典派经济学所设想的市场经济原理完全不同。市场经济不断倾向于经典力学式的均衡，当达到均衡状态时，利润为零。但在资本主义中，零利润意味着终结。资本主义需要的是不断的创新，通过创新打破均衡产生利润，就像自行车必须不断地踩脚踏才能前进一样。

马克思、凯恩斯还有熊彼特都预言过，随着资本主义生产的扩大，收益递减发挥作用，最后经济就会陷入长期停滞状态。之前大家都觉得这些预言似乎错了，但这一次的经济危机或许就是对发达资本主义国家的警告：利益已经耗尽，接下来或许要进入长期停滞了。为避免经济长期停滞,现在需要的不是经济政策或是扩大社会福利的受益面、进行收入再分配,我们需要的是一种能够带来经济持续增长的战略措施。

股东资本主义的必要性

产业革命的奇迹

产业革命在 200 年的时间里使人类的财富增长了 100 倍以上。这个资本主义创造的奇迹发生在 17～18 世纪的英国,而且一般认为其他国家在经济上取得的发展也是从英国进口而来的。英国能够取得产业革命的胜利,一般认为是以下几个原因:

(1)资本积累;

(2)近代意义上个人的形成;

(3)财产权的确立;

(4)法律的支配;

(5)科学和技术的融合;

(6)股份有限公司。

这些要素是近代西欧社会取得成功不可或缺的,但哪一个更为重要,则是各有各的说法。过去人们比较看重的是

第 1 条，但是现在已经很少有人这么看了。因为仅论财富积累的话，17～18 世纪的中国和伊斯兰国家的财富积累显然更多。第 2 条非常重要，第 3 条也不可或缺。而最近很多人开始关注第 4 条。因为按照之前主流的观点，法律是经济基础的上层建筑，但是最近人们发现真实的历史其实另有一套版本。

最新的宗教社会学研究表明，11 世纪的天主教会废除了各地的民间法，实行普遍的教会法，将支配权渗透到各地，从而形成统一的西欧文化圈。这是近代社会得以建立的一个决定性的因素。同时最新的经济史研究也从侧面为这一说法提供了实证证据。

还有之前大家比较想不到的就是第 5 条，科学和技术的融合也是相当重要的。17 世纪的"科学革命"发现了自然中的物理法，这是产业革命的一大重要推动因素。印刷机的实用化推动了宗教改革时期客观理性知识的传播普及。山本义隆也指出，16 世纪学问和技术的融合是非常重要的（《16 世纪文化革命》）。

现在人们更关注第 6 条。公司等商业实体，这些都是很早以前就有的概念，但过去多为家族经营式的共同体。随着投资规模、风险的不断扩大，这种依赖血缘来调动资金的结构已经无法满足需求，尤其是到了 16 世纪后半期的"大航海时代"（殖民主义时期），当时的航海项目是去东方寻找香料，风险之大就如同现在的宇宙探险。

所以，荷兰、英国的东印度公司在开展大规模的殖民活动时，采取将收益细化为股票的方法，利用多人投资来分散风险。这时最大的创新就是有限责任。之前的家族经营还有合伙制都属于无限责任，即当公司背负巨额债款倒闭后，有时有些出资人还得交出自己的全部财产，这对出资人而言风险过大。实行有限责任后，最糟的情况不过是股票变成废纸一张，这样就可以达到保护投资家的目的。

所以当时人们买股票就相当于现在的抽奖。在航海之前大家聚在一起抽签看能不能中奖。发展到后来，人们可以以某一实体为对象，出资购买股票，后来还形成了买卖股票的市场，这使得股票具有可以随时脱手的灵活性。也就是说，股份有限制这种制度从诞生之初就是为筹集项目资金服务的，所以很适合发展风险事业。

但它并非没有缺陷。因为责任有限，所以投资者的决议权也受到限制，持有股票的多少决定着在团体内权力的大小，一股有一份表决权。当公司规模越来越大，就会出现没有一个投资者可以单独对公司实行监管的局面。所以说股份有限公司并不是万能的，在《公司法》里还有很多其他类型的组合方式。但是现在市场上还是股份有限公司占绝大多数，这是因为它能够有效利用市场机制并且效率较高。利益者相关资本主义，也就是由多个持股份者共同管理的这种类型在日本和欧洲一度流行过，但这种资本主义在资本的利用效率还有创新体制方面都明显暴露出一些弱点。

第 1 条到第 6 条都是资本主义有效运行的必备条件，某些国家资本主义发展得不够好则是因为欠缺了其中一些要素。若问到这 6 条中，发展资本主义最不可缺少、最核心的是什么，我想应该是自我意识。社会这一形态其实是相当特殊的，它要求人们共同遵守某个法则，讲究人与人之间的平等。而社会绝不是凭空出世的，这和以习惯法为基础建立起的契约以及财产权等制度都有着密不可分的关系。另外在股份有限公司基础之上发展起来的分工，其存在的前提就是社会的分解性，即社会可以分解成为个人。个人像原子一样形成了社会。

熊彼特悖论

可能很多人都想不到，遭受经济危机打击最大的是为大家报道危机的报界。旧金山的地方报社或许将会退出历史舞台。在英国，2008年已经有70家地方报社消失了，甚至有传言说《纽约时报》可能会被Google收购或是成为非营利组织。日本也无法幸免，2009年夏季，《朝日新闻》报社的职工奖金缩水了40%。

虽然报社的遭遇令人同情，但这是无法扭转的趋势。价格趋向边际成本，这是市场原理最为活跃的法则，没有一个产业可以长期游离于法则之外。在网络环境下，数字信息的边际费用为零，所以价格必然趋向于零。而且在网络这种接近完全竞争的环境下，就会出现新古典派经济学教科书上所写的那种情况，经济租金⊖为零。日本由于实行维持转售价格制度⊜，所以这种垄断利润体制崩溃得稍慢，但最后仍然逃不过这一劫。

广告产业的规模有限，仅占GDP的1%，加上营业外支出，整体规模为20万亿日元。再乐观点，将网络上那种广义的广告也纳入其中，规模可增加1倍，变成GDP的

⊖ 经济租金是指从要素的所有收入中减去那部分不会影响要素总供给的要素收入，它类似于生产者剩余，等于要素收入和其机会成本之间的差额。——译者注

⊜ 维持转售价格制度，日本公正交易委员会认可的生产者与销售业者之间转售契约的制度，适用于书籍、杂志、唱片和一部分医药品、化妆品等。日本市场上书、杂志、报纸、音乐等都是由出版社统一定价，算是一种出版社操控市场的制度。——译者注

2%。又由于规模经济作用，像 Google 还有雅虎这样公司的收入已经占总体的大部分，其他新闻网站都处于苦战之中。现在各网站的最大目标就是提高点击率，所以画面的设计远比新闻内容本身更重要。仅靠这些就能保证订阅量了吗？除了英国《经济学人》这种高端杂志网站以外，其他网站都面临着非常艰难的生存挑战。

这是资本主义诞生之初就存在的难题。如凯恩斯所预言，随着资本的积累，边际收益递减，最后经济会陷入长期停滞的状态。熊彼特则预言，在市场处于完全竞争状态时，只要正的利润不断增加，就会有新的竞争者不断加入市场，一旦到达均衡状态，利润就会降为零，所以必须维持一定的垄断地位，否则无法获利，创新停止之日，也就是资本主义崩溃之时。

从理论上看，这些好像都没有错，但实证研究结果显示的恰好和理论相反：市场竞争越激烈，创新就会越活跃。好莱坞因为保护电影公司的著作权，所以在长达半个世纪的时间里没有新的公司愿意加入竞争。而既无专利权又无著作权保护的金融商品和网站这两个领域却迎来了一波又一波的创新浪潮。这一现实被称为熊彼特悖论，在经济学里非常有名。

这个问题现在还没有得到解决，但弗兰克·奈特给出了被公认为最好的答案。他承认承担风险的总报酬为负，并将企业活动看成赌博行为。这时问题就不在于客观的社会整体收益是多少，而在于每个企业家怎么看、怎么想。如果每个人都以客观统计为基准采取行动，那就不会有拉斯维加斯的赌场了。赌场之所以繁荣不衰就是因为人人都觉得"只有自己会赚钱"。

从事企业活动的人都偏好风险，这群赌徒如何使用资金就决定了投资的水平。就算事后客观的统计数据显示利润为负，但是由于事前谁也不知道会发生什么，只要人们对最后获胜抱有较高期待，那么市场就会不断地有创新出来，而且期待越高，创新越多。也就是说哪怕100家公司里面只有1家成为Google，其余99家（对于社会而言）全部倒闭都不要紧。

在网站上，各种信息都是无偿复制传播，所以狭义的"文化传播产业"的萎缩只是时间早晚的问题。而且，由于现在发放信息源的主体数量是以往的几百倍，所以提供的信息量也比传统媒体要多得多。当然，在质上自是比不过传统媒体，可是新型媒体可以靠多样性取胜。每个人最关注的都是自己，现在这种形式显然更具个性化，所以从这个附加值来说，仍然是新型媒体完胜传统的大众媒体。

之前的媒体要么是"同步面向几百万人的大众媒体"，要么是"1对1的个人谈话"类型，而现在媒体呈现多样化，出现了越来越多介于这两者之间的形式。这并不是说之前的那种大众媒体就会消失，而是在这些形式之间将会出现一个新的平衡。但是到那时，日本全国能够生存下来的报社（或者是以某种复合媒体的形式）估计也就是3家左右。

所谓的没有著作权的保护就没有文化传播产业的理由都是不成立的。创新最重要的不在于事后确实的报酬有多少，而在于创新带来的事前的自由度。"知识产权"不利于信息的二次利用，实行这种过度保护只会阻碍经济发展。所以现在我们要做的不是保护已有的文化传播产业，而是要尝试如何在信息共享的前提下建立一种新的商业模式开展商业活动。

资本主义：不等价交换

第一个意识到资本主义的不等价交换问题的是马克思。他认为资本主义的核心就是资本家的所有权（私有财产），即资本家独占资本。直至今日，这仍是对资本主义必要且充分的解释。

《资本论》一书分析的是等价交换的市场经济（市民社会）是怎么过渡到不等价交换的资本主义（资本家的生产方式）这一问题的。从新古典派经济学来看也就是分析在均衡状态的市场里，当价格已经和边际成本均等、利润为零时，如何产生新的创新这一问题。

马克思的解释是"货币的资本化"，其中心理论是劳动力的商品化。资本家向劳动者支付的工资是劳动力的价值，而商品的价值是劳动的价值。所以劳动创造出来的价值扣除支付给劳动者工资后的剩余价值就落到了资本家的手中。

对这个理论进行再发展、进一步提炼的是宇野弘藏。他的观点是剩余价值的产生不在生产过程而是流通过程。他认为，商业资本时代地理上的距离是利润的源泉，但随着交通的发展，这种利润消失了。产业资本主义的优越之处就在于它内含一种机制，可以通过资本积累和技术革新不断提高劳动产品的价值，从而带来利润。但是资本家并不能生产出劳动者，也无法实现对劳动者的所有，所以在他看来，资本主义致命的弱点就是"无法实现劳动力的商品化"。

而我认为资本主义的矛盾是更根本的东西，是遵循等价交换原理的市场和遵循不等价交换原理的资本主义之间的矛盾。竞争总是将资本家拉向等价交换的状态，而资本家不断地希望能够创造一个脱离市场的，也就是"非市场"的环境，从中谋利，维持生存。这种观点在"依附理论"（dependency theory）里做了理论化解释，后被伊曼纽尔·沃勒斯坦继承，运用到历史学中，已成为掷地有声的著名理论了。

这一次的金融危机中，投资银行销售的衍生证券，本来是利用市场缺陷赚取差价的金融产品，但随着市场扩大，差价逐渐减少。这时，投资银行就使用担保债务凭证（CDO）等结构性票据来继续糊弄顾客。这里利润的来源是投资银行和顾客之间的信息非对称性。顾客不了解CDO的复杂结构，所以在购买时只能看评级，看见AAA级的产品就认为其可信。

马克思认为资本主义的核心就是所有权（私有财产）。用现代的企业理论来说就是剩余索取权，即合约规定以外的利益或亏损都由资本家承担，劳动者不论企业经营状况如何都能获得一定的工资，资本家则是可以得到除去工资后的剩余利润。当然，如果公司破产倒闭，股票也就与废纸无异。正是因为存在这样的风险，资本家必须不停开拓新的事业，成功之后才能独享利润。这就是资本主义的规则。

在这里，马克思洞察出资本主义垄断资本的倾向，这是相当正确的。微软和 Google 能够维持高额利润就是因为国家运用著作权保护着它们的垄断经营。日本的手机电话公司利润丰厚也是因为国家出面保护无线电特权。所以促进经济发展、打破垄断和加速竞争是最好最有效的方法。市场经济的竞争机制有助于缓解资本主义的垄断趋势，通过降低垄断利润，激发不断创新。

市场中，处于中心环节的商人还有金融借贷这些中介机构扮演着非常重要的角色。由于信息的非对称性，他们处在垄断地位，赚取利润。但只要市场中存在竞争，这种信息垄断的局面就会不断被打破。这次的危机就是因为全世界范围内的垄断被同时打破，一下子陷入前所未有的大混乱中。金融资本的利润不同于实体资本，产生和消亡都是一瞬间的事情。

所以，现在就断言"金融资本主义时代已经结束"未免为时过早，尤其像日本，根本还没来得及实现真正意义上的金融资本主义，所以金融资本主义还有很大的发展前景。但是纯粹套利的金融资本主义已经结束了，今后需要的是通过创新来提高风险资金以及资本的效率（真正意义上的金融资本主义）以及对投资银行功能的重新审视。

从回避风险到迎接风险

日本人讨厌风险吗

日本内需不足,有一个原因是风险承担过少。如图 6-1 所示,日本的个人金融资产中储蓄几乎占了一半的比例,这在世界主要发达国家中也是相当高的。日本人一半的资产都属于保本运营,所以在资产的构成上呈现出低风险、低报酬的偏好,高风险的市场发展不足。

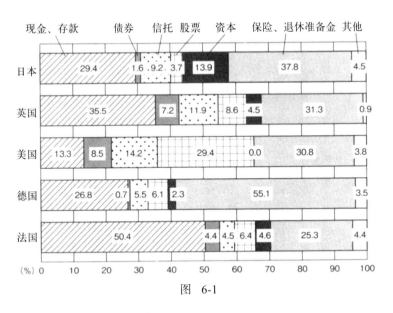

图 6-1

资料来源:经济财政白書。

有人说"日本的储蓄比例高是因为日本人的国民性就是不喜欢风险",关于这个问题曾有人做过实证研究,但并没有切实证据显示日本人较其他国家的人更具有回避风险的特征。德国也被认为是一个保守型的国家,但是最近它的储蓄率已经降到了35%。而且,德国的投资银行现在在世界上也非常有名。日本的金融发展滞后有一个很大的原因,那就是20世纪90年代的时候利用公共资金注资救市,保留了效率低下的"僵尸银行"。这些"僵尸银行"的存在加剧了投资效率的低下……最后陷入恶性循环。

日本国民的证券组合存在着明显的风险回避倾向,面临着储蓄过剩这一问题。我在学生时代就做过这个课题研究,但现在这种倾向依然存在且原因不明。有人说这和日本的金融体制有关,认为是日本间接的金融体制造成的,但两者之间究竟谁是因,谁是果,很难说清。20世纪80年代的时候,外资证券大举进驻赤坂、六本木地区,正在大家都以为将告别储蓄时代、进入投资时代时,泡沫经济破灭,这些证券公司纷纷撤退,消失无踪了。

但有一个是成立的,那就是日本的资本效率低下。日本上市企业的平均ROE在世界主要发达国家中处于最低水平。所以,内需不足的最大原因,正如《经济财政白皮书》

所说，是源自日式企业体系的低效性，这属于结构性问题。

这个问题和之前提到的劳动力市场中存在的一个观念问题是有着密切联系的，劳动力市场上风险最小的"终身雇用"被认为是最理想的劳动状态。当然因为劳动力市场存在解雇规制，所以两者情况还是不太一样。但是可以想象，就算是取消规制，劳动力市场也不会出现大批正式员工被解雇的情况。这是因为日本人没有风险对冲的意识，总是习惯性地回避风险。公务员风险为零，大企业的正式员工风险较低，而且这样的投资可以带来高报酬，所以偏差值大的学生都以这两者为目标，挤破了脑袋要进公司。没能挤进去的人才会选择自己创业。二战后的日本一直都是这样。

但是现在状况不同了。被束缚在公司里就意味着今后换工作时会受到种种限制：选择面窄，风险大。意识到这一点的优秀人才纷纷离开公务员队伍和大企业，选择去选择面广、更灵活的外资投资银行等地方。尽管这次爆发了经济危机，不过这种倾向在今后也不会变化。或许等到日本的下一代，当他们学会对冲风险时，日本的劳动力市场才会发生变化吧。所以，或许还得等个10年以上。

"安心、安全"不是免费的午餐

2009年日本经济财政咨询会议发布的"健骨方针"上，民间议员的提案出现了方向性的变化，之前一直注重经济发展，现在开始转向"安心保障政策"。其中国民电子信息管理^㊀（安心保障体系）和负所得税（福利与税收抵免）这两个提案尤为引人注目，但提案从整体上仍是大谈如何对收入进行再分配，至于"创新"则是提及甚少。

没有人会对要建设一个"安心、安全"的社会提出异议。但是"安心"并不是免费的。想让所有失业者安心，其实很简单，只要政府能够永远支付他们等同于在职时的失业救助金就好。但谁都知道这不可行。所以，问题不在于能否实现最大化的"安心"，而在于在利益和代价这对矛盾之间的我们如何选择。

的确，"经济危机对失业的非正式员工打击更大"，但他们的问题不是通过发放"生活援助津贴"就可以得到解决的。当前的劳动力市场之下，新毕业生步入社会，在人生的第一轮求职活动中，如果没能被企业相中，那就意味着今后永远无法进入正式员工的队伍。如果不打破劳动力市场的这种封

㊀ 国民电子信息管理，一种电子信息管理制度，一人一号，载有相关个人的基本信息，以提升行政管理效率。——译者注

闭，不论发放多少失业救助或生活保障津贴都不过是杯水车薪，无济于事。

和这个提案一起的还有"job card"制度⊖。这个制度有助于改善现在日本劳动力市场上存在的种种问题，所以呼声很高，但是由于参加企业过少没能得到普及。毕竟对于企业而言，向劳动者提供多渠道的工作信息就意味着劳动者背叛企业概率的增加。为了绑住劳动者的手脚，日本企业费心竭力建立起"笼子"制度，力图留住劳动者，提高换工作的风险。所以期待企业老实好心到主动放开求职信息，为劳动者解套，降低跳槽风险，这真是不太可能实现。

所有劳动者都能得到终身雇用的保证，这无疑是最理想的。但可惜的是资本主义本身就不是一套安定的体系，没法保证所有人的绝对安全。现在中老年"闲散富裕族"的"安心"是建立在年轻一代"穷忙族"的艰辛之上的。不过，在日本，还有很多人看不到这一点，他们看不见"安心"背后的代价，只是一个劲儿地美化"日式雇用体系"。比如在三菱集团的网站上就有中谷严的一段话：

⊖ Job card 制度，是针对正式员工经历不足的人（近 5 年内拥有 3 年以上连续正式员工经历的除外）设定的一个求职支援制度。有专门的证件记载劳动者的职业经历、学习经历还有各种能力资格认证等。同时对这类劳动者提供在企业实习和教育机构的培训以帮助其掌握必备的技能，发展职业道路。——译者注

> "改革"是必要的，但是我们需要的不是那种任由市场发挥，顶着新自由主义思潮的"改革"，我们需要的是能够发挥日本优秀的传统文化，延续社会温情，"安全、安心"的能够让国民幸福的"改革"。

他当真认为"安全、安心"是"日本优秀的传统文化"吗？在之前关于雇用体制的共同研究中，我记得他也有参加。那时得出的结论就是所谓的"日式体系"不过是在二战中的战时体制还有二战后的经济高速发展过程中形成的。或许他太健忘？终身雇用根本就不是什么日本的"文化传统"，在经济高速发展期也仅限于大企业范围内。社会差距的出现也不是因为他所说的"新自由主义"。社会不平等的出现要追溯到 20 世纪 90 年代，那时终身雇用体制崩溃，为了保证中老年员工的"安心"，包袱就甩给了年青一代。

将市场上的风险降为零，这不可能，也不需要。尤其是现在，技术日新月异，市场变化激烈，无力应对的企业自然会被淘汰。能够在激烈竞争中生存下来的不是最强的企业，而是最具柔韧性、适应性的企业。远离风险，那就只有拒绝变化，而拒绝变化，最后就会被淘汰。

就像金融工程学教科书开头部分写的那样，重要的不是去除风险，而是要将风险分散至社会全体，让所有人在承担一定风险的同时获得相应的报酬。要达到这个目标，就需要有高效的劳动力市场和资本市场做保证，以实现生产要素的高效分配。就算我们取消劳动规制，长期雇用这种雇用形态仍会在一定程度上保留下来。欧美企业也是如此，中高级的管理人员都是属于长期雇用的形式。但是，如果由政府出面实行强制"安心"，就会带来分配不公的风险，结局就是我们现在所面临的处境。

近来的流感问题，还有对药品的网上销售实行的限制等都暴露出日本社会整体对"安心、安全"的偏好，整个社会显得过于保守防卫。正是在这样的背景之下，经济财政咨询会议也大讲"安心"，无视"创新"。再这么发展下去，日本经济就会步入歧途，"最小的风险"之后伴随的是"最少的报酬"，最后全体日本国民都必须为经济长期停滞埋单。

创新是什么

从技术革新到创新

说到实现经济长期发展的关键因素，创新（innovation）

是出现频率较高的词。在日本《经济财政白皮书》里面将这个词译为"技术革新",其实是错误的。Innovation 这个词和技术没有半点关系。词干 nov 是 novel,拉丁语中为"新",而 innovate 则是指"引入新的东西"(摘自韦氏词典)。

熊彼特是将"创新"一词引入经济学的第一人。他将创新定义为:连接发明和产品的中间过程。发明是创新的条件之一。但是,发明不等于创新。比如说造纸、火药、活字印刷等,在 1000 年以前就由中国人发明出来了,但在当时都没有作为新的产业得到运用。把印刷发展成为产业的是 15 世纪一个叫作古腾堡的人。

发达国家经济发展主要得益于创新,这是当今绝大部分经济学家的共识。所以要拉动经济增长率,促进创新会比实施宏观政策更有效。但是创新的本质不在于技术。比如,苹果还有 Google 依靠的是已有的技术,它们只不过在已有的技术基础上做出了优质的服务。而日本恰恰相反,有很多日本厂家持有大量的专利权证书,但这些证书带不来任何经济效益。平庸的技术配上优秀的商业模式可以获得成功,但优秀的技术遇到平庸的商业模式后成功的案例,我还没有见到过。

很多时候我们遭遇瓶颈,问题不在技术而在管理。而且，管理水平究竟如何，这和经营者是否具备精湛技术是没有关系的。经营者不是技术的生产者，他需要从消费者的角度出发，方可提供出最优质的服务。日本的企业作为技术的生产者是非常优秀的，但是作为技术的消费者则显得非常笨拙。这是因为经营者的头脑里还是过去那一套陈旧的商业模式。IT界最大的优势就在于提供最新的服务，可日本的经营者还在想方设法去钻研怎么降低既有技术的成本。

美国的优势在于有源源不断的风险企业愿意尝鲜，在这种冒险行为背后有大量的风险投资作为支撑。像日本这样，向"日之丸技术"提供补助金根本不会有效，只会带来反作用。要实现真正意义上的创新，需要下大力气促进商业模式和管理体制的创新，实现技术的高效化和实用性，改革资本市场以保证高风险事业运营时的资金供给。

投资机会不足

曾有一家大型风险投资公司给我打电话，说有事和我商量。我刚开始没闹明白，后来才知道是他们听说我现在在做咨询，所以问我需不需要创业投资。这确实是个不错的建议，不过我现在做的咨询还只是个人规模，很遗憾还没到需要创业投资的程度。所以我婉拒了对方的请求。

但是仔细想想觉得这真的是很令人担忧的一件事。在美国，是企业争先恐后地向风险投资公司提出申请，希望得到创业投资，资金的需求量是供给能力的好几倍。所以企业要想获得投资还得接受审查。但在日本完全反过来了，风险投资公司主动找企业，甚至联系到我这样的个人……日本的投资机会就这么惨淡吗？有关数据显示，如果日本风险投资公司的资金量为1万亿日元，那么个人金融资产仅相当于1万亿日元的1/1500。

日本经济最大的毛病不是需求不足，不是信贷紧缩，而是投资机会不足。因此造成慢性的资金供给过剩，自然利率为负，从而带来通货紧缩。宏观政策无法对自然利率（按照定义）起作用，所以要想提高自然利率，就只有像凯恩斯所说的那样去创造一个鼓励冒险的环境，激发人们的"动物精神"。

这里所说的冒险并不是单方面的，因为有买股票的投资者就一定会有卖股票的投资者。买方买进报酬，卖方卖出风险。这里买方认为报酬会高于风险所以才会做出"买"这一行为，而卖方的想法正好相反。究竟哪方正确将由市场最终决定。金融市场上资金运转不过是个零和游戏，之所以能够带来一定的社会效应，是因为通过这种风险投资可以实现对当前资金和今后资金的有效分配。

2008年日本《经济财政白皮书》的主题也是风险。如图6-2所示，我们可以发现，创业者较多的国家经济增长率也高。（当然像冰岛那样风险也是很高的……）但是在日本，人们为了防范风险大部分都选择储蓄，没人愿意冒险创业，而利率是风险价格的指向标，所以日本的利率一直为零，纹丝不动。

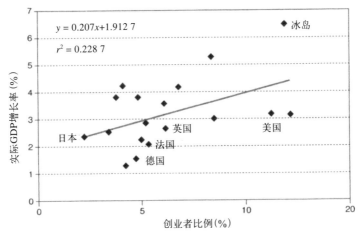

图6-2　风险活动与经济增长率

资料来源：经济财政白書。

现在日本经济最需要的就是有一批冒险家来提高风险分配效率。这并不容易。像这次的金融危机，就是由于投资银行承担风险过大导致的，要解决风险过重这个问题，就好像叫一个很闹腾的孩子老实下来，还是有很多方法的。但是如果你碰到的是一个内向的孩子，需要让他变得活泼起来，这可就难多了。

日本实行的多是丰田的那种体系，通过多重承包将风险分散到整个系列，不景气的时候主体大公司中断承包合同或是辞退临时工以维持生存。在这个构造当中，承包方发挥了缓冲作用，承担起分化风险的职能。社会往往看到这些中小企业遭遇不景气后的悲惨境遇，但没有人指出景气时这些中小企业的收益率远远高出主体大公司这一事实。

当然，如果太不讲情面，中断合作的话，等到景气恢复之后或许也没有中小企业愿意和大公司合作，所以达成长期合作意愿后，大公司在系列构造中也承担着一定的风险，以实现风险分布的均衡。但是当打破长期合作可以带来更大的短期利益时，这种均衡就不复存在了。所以这次危机之后，像系列构造这种以长期合作为基础的模式很有可能会走向衰退。

所以，不论情感上是否接受，今后企业之间的关系就是纯粹的战略关系。系列这种体制已经无力承担市场全球化带来的风险，按照水平分工分散风险的做法显然更为明智。在这种情况下,敢于买进风险的部门就是可以获得高报酬的成长产业,而一个国家只有拥有这样的企业才能带动经济发展。

日本人不适应这种产业,所以主攻低风险低报酬的产业也未尝不是一个好的选择。但是当经济整体份额不够大的时候,围绕再分配问题还有社会不公等会出现很多纷争,最后将导致社会不稳定。所以如果不能建立起一个风险承担结构,终将会面临着缩小均衡和财政破产的结局。

创业企业的幻想

日文里有一个词是日本人自己用英文单词造的:ベンチャービジネス,即 venture business(创业),这个词很容易造成人们的误解。其实这个词在英文里是 start-up,要是指创业者就是 entrepreneur。此外,在日本对创业者的相关概念也有很多误解。比如:

- 世界上美国的创业者最多,而且数量在不断地增加中;
- 创业者大都集中在高科技、高收益产业;
- 创业者一般年轻有为,掌握最新的技术,为了追求自己的梦想独立创业;
- 资金由风险投资公司提供,无资金之忧;

- 风险事业是经济发展的原动力,政府若能给予政策支持的话可以有效地促进经济的发展。

以上这些观点全都是错误的。根据美国政府公布的数据得知,在经合组织各国之间个体经营比例最高的是土耳其(30%),美国是7.2%,排名倒数第二,比日本(10.8%)还低。而且美国的这个比值自20世纪90年代以后就一直处于下降趋势。另外在创业方面,最集中的是零售业,其次是餐饮、建筑等行业,这些行业的特点是科技含量较低,收益也较低,而且企业存活时间在5年内的为45%,平均收入也低于一般劳动者。创业者的平均年龄在40岁左右,多是辞去工作后开始单干,主要原因是公司裁员或是厌倦了公司的工作等,动机偏向消极(以这类动机出发的创业者最后多以失败告终)。

创业资金平均为2.5万美元,来源多为个人储蓄。真正动用风险投资公司资金的企业不到总数的0.1%。大多数的新企业(传统型的服务业)都是通过商业银行融资。创业率和经济增长率两者之间是有一定联系的。按照时间序列分析后可知经济增长率提升时创业率也会呈现增加的态势。而政府的补助金和低息融资等政策只会给市场带来一批效率低下的中小企业。

那么,创业者的精神就没有意义了吗?不是这样的。

1972～2000年，有2180家企业接受了风险投资公司的融资，最后发展壮大成为上市企业。这个数量占到了上市企业的20%，而且总市值达到2.7万亿美元，是全体上市企业的1/3，也就是说风险投资通过支持新企业的发展，促进了经济的成长。

重要的不是你是大企业还是个体户，而是你是否有技术、你的盈利模式是否过硬。换句话说，就是我们需要的不是建立企业，而是能够创新的这种创业者精神。所以，这里不需要政府金融机构宽松的创业支持，需要的是风险投资发挥作用，建立一套能够慧眼识别企业，对企业进行客观有效评价的体系，并通过股票的形式将风险分散到市场。

创造性破坏的可能性

活力门事件

就"活力门事件"㊀法院对前任社长堀江贵文的二审

㊀ 活力门股份有限公司（Livedoor Co., Ltd.）是日本一家互联网服务提供商，原本提供免费拨号上网服务，在2002年时被堀江贵文等并购，2000年4月在东京证券交易所的新兴企业市场（即创业板）上市，2004年试图收购日本职业棒球的近铁野牛队。2005年年初，活力门因试图并购富士电视台而名声大噪，成为日本三大门户网站之一。2006年年初，活力门被查出财务报表造假，再次震撼全日本。这一事件被称为活力门事件。——译者注

决议已经判下。堀江贵文社长被指控伪造有价证券报告书，捏造53亿日元的利润以掩盖实际亏损被判入狱服刑。

之前日兴证券的涉案金额为189亿日元，嘉娜宝为2150亿日元，所以此次"活力门事件"从涉案金额来看算不上大数目。但是上面这些案件最后判的都是缓刑，只有"活力门事件"是立即执行。

在"活力门事件"之后，村上基金一案也被曝光。很多人指出它们属于"虚业"。的确，活力门的收益大部分得益于收购企业以及金融交易，而作为公司本职业务的网络事业几乎不占盈利份额。村上基金也是涉嫌利用有权威、有影响力的经纪人来操纵市场。

企业收购本身就是在对企业价值进行再评价，对资本进行有效分配。投资基金的确是在通过低价买进高价卖出的手法赚钱，但这是因为那些企业存在浪费资金的现象，所以收购有利于推动资本的有效利用。因为活力门和村上基金的存在，经营者才会有紧张感，才会去思考如何更加有效率地实现资金的利用，从这个角度说，正是它们带来了资本市场的活力。

因此，也有一部分人对东京地检特搜部提出质疑，认为这又是一次"国策特搜"㊀活动。当时的特搜部长是大鹤基成，我在法务省的网站上面看到他的一段话：

> 我们不能任由这种社会不公正的现象发展猖獗，有这么多的人流着汗在工作却还是保不住饭碗，有这么多的企业遵纪守法却遭遇打劫。

这里看到的是伦理观念："流着汗工作"是值得奖励的，而收购被视为"打劫"，是有悖社会公正的。日本若还是农业国，这么说未尝不可，因为只要舍得流汗就会有收获。可是现在时代不同了，现在是资本主义社会，汗流得多，不代表可以获得相应的回报。日本有很多小公司，公司市值低于存款余额，与其让它们辛苦流汗维持运转倒不如让它们破产解散，对于社会整体来说，后者收益更大。

村上基金从事的正是这类企业收购和资产剥离业务。前任负责人村上世彰在 2006 年被逮捕前的一次记者招待会上质问道，"这个国家容得下挑战者吗？完全不给挑战者重新开球的机会"。当然，法律是不可被挑战的，但是问题是日本通过刑事处罚来打击这类挑战者。结果日本有 800 多家

㊀ 国策特搜，迫于政治或舆论压力检察部门在没有确切根据之前就决定进行搜查。——译者注

公司为防止被收购纷纷导入了收购防卫政策。

然后日本国内企业收购案数量锐减，2008年较前一年减少了35%，总额为600亿日元左右，仅占全世界的2.5%。而且，交叉持股作为预防收购策略又开始活跃。由于交叉持股的存在，中小企业的股票走低给相关联的大公司带来了相当大的经济损失，据统计平均损失已达数百亿日元。

错失创造性破坏机会的日本

日本在历史上不是一个创业率低下的国家。如图6-3所示，20世纪60年代日本的创业率超过10%，小企业数量占企业总数的一半以上。而且，当时停业率也高，可以说正是这种快速新陈代谢的机制推动了日本经济的高速发展。可是现在，日本的创业率在经合组织里已经掉到了最低的队伍中，还不到美国的一半。创业是资本主义最为核心的运行机制。创业机制变缓是一个非常严重的问题。

出现这种现象的原因有很多。一般认为是经济增长过缓带来了创业率的低下，但是依照这种解释最后就会陷入恶性循环中。还有一个解释说是融资困难，主要是指20世纪90年代以后由于背负不良债权，银行在贷款上较为谨慎，导致中小企业出现融资困难的问题。

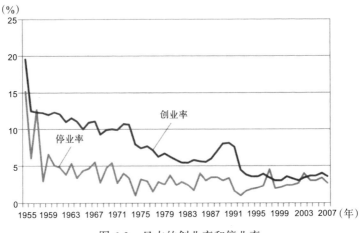

图 6-3　日本的创业率和停业率

资料来源：中小企业白书。

融资困难的说法在理论上深究一下就会发现是行不通的。若真是企业融资无门也就是说市场上资金需求过旺，那么利率就应该上升才对。可事实上，日本的利率一直走低。而且，企业一直是储蓄的大头（企业用于还债的金额超过贷款金额）。所以，真正的问题在于资金需求低下。大部分经济学家都认为这是投资机会减少造成的。

企业发展壮大之后就会面临发展减缓的问题。所以要保证经济整体的发展就需要不断有新企业涌现出来。日本经济之所以陷入长期停滞，正是因为缺乏这种创业家的精神。

虽说这是任何经济体发展成熟之后都不可避免的问题，但也不排除这或许是日本经济走向衰退的信号。

可是，值得注意的是，美国经济也曾一度被认为已经步入衰退期。但在20世纪90年代的时候，借助IT产业，美国经济重新复活。于是有人就说，美国经济复苏的原因就是电脑、网络，就是"IT革命"，日本应抓紧技术开发，快点赶上去吧。其实没有这么简单。20世纪80年代引领美国经济发展的已经不再是IBM或通用汽车这类大型企业了，取而代之的是英特尔和微软这类新企业。

所谓创业，不是说必须得在自家车库后面卖一些废旧品，必须得白手起家。收购市面上的企业或是卖掉某些无用的部门建立新的企业，这都叫创业。利用资本市场发挥公司控制权市场⊖的功能实现企业所有权的转移，这是非常重要的。在考虑资本市场改革的时候，我们可以借鉴20世纪80年代美国的做法。

⊖ 公司控制权市场（market for corporate control），又称接管市场（takeover market）。它是指通过收集股权或投票代理权取得对企业的控制，达到接管和更换不良管理层的目的。这种收集可以是从市场上逐步买入小股东的股票，也可以是从大股东手中批量购入。作为一种外部公司治理机制，它对管理者具有一定的约束作用，对促进公司的良性发展具有重要的促进作用。——译者注

美国电话电报公司（AT&T）被分拆是因为 MCI[○]的出现。MCI 利用光缆网络发展长途通话事业，但是遭到 AT&T 的抵制。后来两家闹到法庭，最终 AT&T 被迫分拆。那个时候给 MCI 提供强有力的资金援助的是德崇证券（一旦官司打输了公司就会破产）。德崇证券的米尔肯还开发出高利率高风险的"垃圾债券"为风险企业提供融资服务。他还曾为 McCaw Cellular 通信公司（现在是 AT&T 公司的一部分）以及美国有线电视公司 TCI 提供过融资服务，将竞争体制导入美国电信融资业界，成就非凡。

米尔肯后来还开发出杠杆收购（LBO），即利用垃圾债券收购企业。这种手法是以即将收购的企业资产作担保发行债券，所以风险极高。当时在美国也有很多人称他为"掠夺者""野蛮人"等。1989 年的时候米尔肯被指控内部交易，后来德崇破产，第一次企业收购浪潮就这样宣告结束。

但是后来多份实证研究数据指出，杠杆收购的那些联合大企业（大型复合企业）经过分割或重组后资本利用效率得以提高。而且，联合大企业解体后，有很多精英人才摆脱了之前的束缚，从公司出来之后选择了创业之路。英特尔、

○ 前身为世通公司（WorldCom），是一家美国的通讯公司，于 2003 年破产。在 2006 年 1 月被 Verizon 以 76 亿美元收购，重组成为其属下的事业部门。目前公司已更名为 MCI 有限公司，总部位于弗吉尼亚州。——译者注

思科、甲骨文这些公司的缔造者都是从IBM等公司里面走出来的。风险资金保障了美国风险事业的资金需求，是美国经济竞争力的基石。

20世纪80年代的美国就是这样不断上演着破坏性创新，吐故纳新，最后带来了信息革命（第三次产业革命）。当然，太过头了也不太好，像2000年IT泡沫的崩溃还有最近的金融危机等，也都是源自这种破坏力。不过，不论怎么说，传统的产业构造已经过时了。

所以说起"失去的十年"，20世纪90年代的时候日本失去的其实是这种创造性破坏的力量。尤其是大藏省事无巨细的行政指导阻碍了金融创新，而且在后来处理不良债权问题时也没能对过时的金融体制进行及时更新。另外为了保住那些"僵尸企业"付出了不小代价：如图1-6所示，当时日本的服务业生产力出现大幅下降，日本经济的潜在增长率也相当低。

现在日本经济最需要的不是手头已现拮据的财政或是金融政策了，而是能够提高潜在经济增长率的政策。虽然现在拿不出简单直接的宏观政策，没有现成的药方可开，但可以肯定的是改革金融市场和劳动力市场、促进生产要素的流通是必不可少的。为了实现这一目标，首先应转变传统观念，放弃低风险、低报酬，打造一个有利于实现风险投资的体制。

服务业的全球化

现在日本经济可以说是"单引擎飞行"，增长全赖出口产业的高收益，所以今后的课题是扩大内需，以实现"双引擎"同时驱动。这里说的扩大内需不是说要扩大公共事业的投资，而是要通过促进新产业的发展来解决日本长期以来面临的投资不足的问题。但是现在日本的问题是找不到一个有发展前景的产业可以作为今后的领头产业。

日本的制造技术仍然很发达，所以没有必要完全放弃自己的优势。但是日化产品已经很难拼得过新兴发展国家了，所以若把发展重点转向新兴国家比较薄弱的服务业，或许还有日本的一席之地。

世界上增长较快的是信息通信服务业，不过日本在这个领域上落得有点远。尤其是现在日本还保留着落后的无线电行政，日本电机厂家怀揣着优秀的微电子技术却放不开手脚，日本通信服务和信息产业的发展受到严重的制约。因此，今后日本必须要通过频率拍卖等方式进行规制改革，鼓励新企业进入市场。

随着老龄社会的到来，社会福利、医疗行业的需求有所增加，这个行业虽然可以吸纳较多劳动力，但是对经济成长没有特别大的贡献。而且，像护理、医疗等都属于公共保险体系，受到严格限制，所以一般给人们的印象都是工作繁重、工资低廉，一直以来都面临着从业人员过少的问题。如果还不执行规制改革推进市场化，社会福利行政最后走到财政破产这一步是有可能的。

市场规模可观，且今后存在发展空间的，就剩下流通了，虽然现在效率还偏低。世界上现在在流通业界活跃着的有沃尔玛、GAP、H&M等。在这方面日本也有做得比较好的，比如优衣库。创业者柳井正在不断试错的过程中实现了事业上的成功，而成功的原因恰恰是抓住了日本产业构造的漏洞。关键有以下3个。

（1）脱离日本的流通机构。日本的纤维业界体制陈旧，批发商支配商品流通，零售商作为受托者负责销售，退货自由，但是利润由批发商决定。在这种体制之下，销售商永远只能依附于批发商。而优衣库却没有这么做，它不和批发商进行交易，而是直接向合作工厂发单委托生产，然后面向消费者直销。

（2）全球垂直统合。日元走高后优衣库开始向中国转移。刚开始只是临时性地委托中国当地厂家生产，2001年，优衣库在上海建立起合资公司实现了生产和流通的统一。这和日本国内流行的水平分工走的是完全不同的战略路子。

（3）责任自负。事实上这种快速销售的路子走到最后成功的只有优衣库一个品牌。之前柳井的"suzukuro"或是"sukippu"等品牌都以失败告终。失败之后柳井没有等待银行或是客户方的建议，而是自己做主从这些已经失败的事业当中撤了出来。

另外他从事的纤维产业本身在日本也不算是热门产业。现在在日本国内基本上看不到生产纤维制品的厂家，可是低廉的休闲装市场需求依然旺盛，如果能够利用海外生产就可以实现低成本。所以这是流通业内需型企业中相当成功的一个案例，结合了日本在设计还有品质管理方面以及中国劳动力价格低廉的优势。在这个案例中我们看到了不依赖于其他企业，自负风险的决断力和执行力。

像服务业这种内需型产业也不应该继续"闷"在国内，有必要跟上全球化的步伐。但是，至今为止仍只有优衣库一个成功的个案，日本服务业里还没有出现其他成功的跨国企业。这主要是因为日本的流通业界规制过多，大店法等规制的存在导致流通业界也患上了"加拉帕戈斯综合征"。

所以现在，不仅流通，还有福利、医疗都亟待规制改革。

另外，日本还面临着一个更严重的问题，那就是日本的专利获得数为世界第一，但技术没能实现与企业收益的结合。苹果推出的 iPad，实现了电子技术、软件还有文化传播的结合，这绝不仅是各种技术的简单结合，这里还需要有高瞻远瞩的领导集团。可是，就像我前面所说的，长期和平环境中走过来的日本，有着自律性极高的中间集团却没有强有力的领导型人物。这个问题，也不是一朝一夕可以解决的。

·············· 延伸阅读 ··············

文化传播产业的未来

2009 年的年度预算补贴中，有 117 亿日元拨给了"国立传媒艺术综合中心（暂定名）"。预算一出，议论纷纷。日本的制造业已经步入僵局，所以这种寄希望于文化传播、发展新产业的心情固然可以理解。但是很遗憾，文化传播产业的规模其实没有人们以为的那么大。

日本的文化传播产业规模，据 2008 年的数据显示约为 13.8 万亿日元（数字来自文化传播协会）。乍一看这个数字好像很大，但其实这是把电视、报纸、音乐等全部计算在内后得出的总和。而且这个数字只占 GDP 的 2.6%。而 NTT 集团的收益即为 10.7 万亿日元，这么看来日本的文化传播产业整个加起来才抵得上一个 NTT 集团。

并且，文化传播产业也算不上是成长产业。这几年来，日本文化传播产业的平均增长率低于 1%，低于日本经济整体的增长率。这主要是因为数字化降低了文化传播的成本。日本政府看到动漫、游戏等"酷日本"（Cool Japan）品牌在海外颇有市场，所以有意向将其打造为今后的出口主力产业。但是看一下 2006 年的文化传播产业出口成绩就会发现，除游戏大概还有 2300 亿日元的盈余外，影视（电影、电视节目）等都是赤字一片。整个产业赤字在 1100 亿日元左右。

明明是进口超过出口，为什么日本的动漫人物在世界上还那么有名呢？这是因为网络可以轻易复制各种产品。比如说在 Youtube 上搜 "Pokémon"⊖，一下子就可以找到多达 16 万条的相关信息链接。虽然这些都违反了著作权法，但也正是借助这些，日本的文化才得以传播全球。

现在要做的不是强化著作权以保护发展既存的文化传播

⊖ 中文名有许多，较为通用的是"宠物小精灵"。——译者注

产业，而是要唤起数千万在线网民的创造力，让他们成为创作者。对此尚未出现一套成形的商业运作，也正是因为没有，所以才蕴藏着创新的可能。

之前世界各国一直都在强化执行著作权。其实这就好像历史上的重商主义通过关税来保护国内产业一样，著作权的强化在一定程度上也阻碍了文化传播产品的流通再利用，阻碍了产业整体的发展。著作权是18世纪的产物，国际性著作权的《伯尔尼公约》则是19世纪签订的，这些都不符合数字网络时代信息自由流通的现实了。

日本政府将侵犯著作权定为非亲告罪[⊖]，并认定下载违法文化传播产品的行为为违法行为等举动都是在进一步强化著作权。但是现在世界上却出现了著作权管制松动的迹象。在欧洲已经出现了对极端专利保护主义的批判，欧洲议会上也否决了导入微软专利的欧盟指令。

日本也有一些人开始批判过严的专利保护的做法，希望修改著作权法后实现技术的合理使用。很多人认为亚洲宽带发展迅速的一个重要原因就是中国和韩国没有实行过严的著作权。这自然损害了专利人的利益，但是宽带普及之后，现在韩国的影视作品在全世界范围内广泛流通，大有超越日本之势。

⊖ 非亲告罪，不属于因当事人起诉使司法机关调查而形成的犯罪。——译者注

电脑、网络世界里，不论硬件软件现在都是以美国产品为世界标准。而在宽带这一块，由于有保护主义这一屏障尚未能实现全球性流通，且现在数字版权管理⊖（DRM）也尚未形成标准化，所以最后胜负还没有分出来。在宽带这个领域，日本在亚洲属于先进水平，如果日本能够率先倡导"知识产权的自由贸易主义"，那么在文化传播的流通领域或许可以获得领导地位。

⊖ 指的是出版者用来控制被保护对象的使用权的一些技术，这些技术保护的有数字化内容（如软件、音乐、电影）以及硬件，处理数字化产品的某个实例的使用限制。——译者注

第 7 章

不平等的真相

因为凡有的,还要给他,他就充足有余;没有的,连他所有的,也要给夺去。把这无用的奴仆赶到外面的黑暗里!在那里必有哀哭和切齿。

——《马太福音》

2009 年 1 月元旦期间,"过年派遣村"成为社会热点话题。这是 Hello Work 工作介绍所在东京日比谷公园组织的一场活动。活动持续整个新年假期,直至 1 月 5 日。这个活动旨在为居无定所的派遣劳动者提供帐篷,帮助他们过新年。主办方是自立生活支援中心联合组织㊀牵头的执行委员会,会长是汤浅诚。

活动最引人瞩目的是政府机关及媒体的反应。执行委员会最先准备的帐篷只够 150 人使用,没想到活动吸引了 500 多人前来,前来采访的媒体人数比派遣劳动者还要多,最后执行委员会只得向厚生劳动省的大村秀章部长提出申请,希望在此期间开放厚生劳动省的讲堂。厚生劳动省当场就

㊀ 该组织为援助团体,主要帮助流浪汉、派遣劳动者及领取生活保障的人群。——译者注

批准通过。一名厚生劳动省干部表示："日比谷公园就在厚生劳动省眼前，要是真发生失业人员冻死的事件，内阁将岌岌可危。"据称当日申请"生活保障"的人，大都不经审查就直接通过了。

这件事真正为大众所熟知是因为当时民主党干事长鸠山由纪夫在国会的代表询问环节中要求解除政务官坂本哲志㊀职务。因为后者曾就派遣村一事发表不恰当评论。"派遣"这一社会问题，终于开始受到关注，这固然是件好事，但仅仅给眼前这 500 人发放生活保障金，就可以解决根本问题了吗？日本全国共有 300 多万人陷入经常失业的窘迫境遇。不平等问题的实质是什么？提高生活保障金和最低工资，穷忙族就真的可以不再贫穷了吗？

不平等出现的原因

身份不平等的固定化

电视台的晚间专题栏目及一些周刊杂志报道认为，现在经济不景气的原因并不复杂：结构改革时引进了"市场经

㊀ 政务官坂本哲志针对当时"过年派遣村"发表言论说："真的在好好工作的人会跑到日比谷公园来吗？"后被很多人认为这个发言不妥，坂本哲志本人也撤回了发言并进行公开道歉。——译者注

济原理"。这种弱肉强食的市场经济打破了日本的传统。比如,在畅销书《国家的品格》中,作者藤原正彦对"小泉、竹中改革"就提出了这样的批判:

> 他们所宣称的改革,把日本传统文化破坏成了什么样子?日本家族式经营提倡的是终身雇用、年功序列,绝不会胡乱裁员。人与人之间也绝不是股份、金钱这样冷冰冰的物质联系。我们讲究的是人情。
>
> (『週刊新潮』)

看来作者藤原是把终身雇用、年功序列视为日本优秀的民族文化传统了。但其实终身雇用这个词语最早出处是在1958年詹姆斯·C.阿贝格伦㊀的一本书中。该词是二战后这个美国人造出的新词。日本劳动群体中有八成劳动者都集中于中小企业,但中小企业从来就没有什么终身雇用,年功序列也是二战后才出现的雇用体制。至于说到交叉持股,更是20世纪60年代资本自由化浪潮下出现的新生事物,可以说和日本的传统、文化毫不相干。

但这种把终身雇用和年功序列作为日本传统的民族文化

㊀ 詹姆斯·C.阿贝格伦(James C. Abegglen, 1926—2007),美国人,管理学家、经济学家。他最早提出"终身雇用""年功序列"是日本雇用制度不同于欧美企业的特殊性。——译者注

的观念却极具普遍性，并且赢得众多日本国民的喝彩。各种纪实报道节目也在不断地滚动播放，强调穷忙族生活之艰辛。穷忙族生活艰辛，这毫无疑问是事实。但是这种催泪弹似的媒体报道就算重复成百上千遍，也不会对解决问题起到实质性的帮助作用。

我认为真正的问题在于要厘清究竟是什么使得穷忙族陷入生活的困境。"社会结构改革带来社会不平等"这种论调并没有切实的数据支持。从收入差距这一角度来分析社会不平等这个问题时，普遍参照使用的是基尼系数。基尼系数将收入分配的公平问题以数字化的形式呈现出来，全体社会财富集中于 1 人时为该指数为 1，全体社会成员平等分配时该指数为 0。

日本关于收入分配问题进行了很多的调查，但没有任何一份调查显示日本社会整体的收入差距是在近几年才显著扩大的。图 7-1 中 OECD（世界经济合作与发展组织）的调查显示，在经合组织各成员国之间，日本的基尼系数位于中等水平，并且近十年以来日本的基尼指数一直在下降。究其原因主要是 2000 年经济复苏，失业率下降。

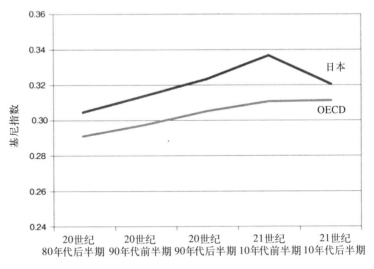

图 7-1　收入差距（基尼指数）的变化图

资料来源：OECD。

雇用（劳动需求量）是企业收益的因变数，随着企业收益变化而变化，所以其实没有纯粹意义上可以扩大雇用的"雇用政策"，并且强化种种雇用规制的"雇用政策"可能会进一步提高劳动成本，反倒引起雇用的进一步缩减。失业救济和生活保障金则是属于另外一个问题，关乎收入的二次分配。终极的雇用政策应当是通过 GDP 的增长来创造新的雇用机会。

日本老年人和青年人的贫困率（收入不到同年龄段收入中位值的 1/2 的人数比率）在不断攀升。这是因为社会老龄化的加快使得越来越多的人要依靠养老金度日。此外，单身家庭的户数增加带来以家庭为单位统计的家庭收入值的减少。所以尽管日本的市场收入（再分配前总收入）的贫困率低于经合组织各国的平均值，但是收入再分配后，日本的贫困率排到了第四。贫困率升高的最大原因是政府在社会保障（儿童补贴、失业救济、生活保护）上的投入较少，可进行再分配的税收较少。

这种结果想想也是必然的。日本的国民负担率（税收和社会保障占GDP的百分比）在先进国家之中处于最低水平。要增加可再分配的收入就要提高税率，而这必须征得国民的同意，显然不是易事。所以这只能说日本是一个"低福利、低负担"的国家。这本身并不存在好或坏，"低福利、低负担"还是"高福利、高负担"，说到底只涉及国民的选择问题。

还有一个原因则是正式员工和非正式员工之间的工资差距问题。在日本，大企业中都建立起相当完善的日式福利制度，正式员工上了年纪之后，无事可做，等着混日子退休就好，是公司内部可有可无的"窗边族"⊖。但他们的

⊖ 窗边族：受冷遇的公司职员。虽有头衔，但不被安排实质性工作，在公司几乎无事可干，虚度日子的接近退休年龄的中老年职员。——译者注

生活并不会受到影响，他们有社会保险、养老金，享受着福利制度带来的优厚待遇。非正式员工则被排除在制度之外。另外日本严格控制福利支出，从行政上对企业的福利制度实行倾斜政策，不向公司宿舍或企业退休金征税，所以从表面上实现了"高福利、低负担"。

但是随着20世纪90年代以来非正式员工的激增，这种企业内的福利体系渐渐举步维艰。最近人们都开始关注到社会不平等问题也是因为年轻群体中有越来越多的人成为了非正式员工。他们的困苦生活被媒体报道后，得到了社会的普遍关注。

正式员工与非正式员工之间的这种身份不平等的确在不断扩大（见图7-2）。从图7-2中可以看到非正式员工的队伍在逐年扩大。2007年非正式员工占到劳动者总数的34%。但是值得注意的是，比率的上升，开始于20世纪90年代前后，也就是泡沫经济破灭之后，而不是小泉政权成立的2001年。由此可见，社会不平等扩大的原因不是市场主义，也不是结构改革，而是泡沫经济破灭后经济长期不景气。

2008年经合组织对日审查报告中也指出当前日本劳动力市场的两极化这一异常现象在全世界都极为少见。尤其值得注意的是，在就业冰河期没能被公司选中的年轻人，这辈子都可能无法加入正式员工的队伍。因为他们失去了正式员工那样可以积累技能的机会，今后可能只能一直做自由职业者。

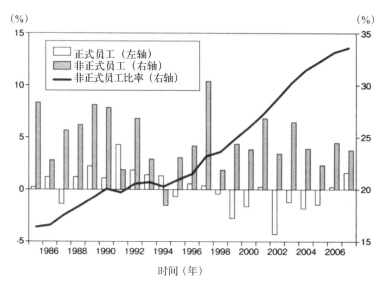

图 7-2　非正式员工的比率

资料来源：OECD。

社会的不平等给日本社会带来了一系列的问题，而这种不平等并不是指社会的贫富差距在扩大，即不是绝对意义上的社会穷富问题。在日本，非正式员工被称为"穷忙族"，不过他们的年收入也达到了 200 万日元左右的水平。这个数字高于亚洲各国的平均工资。所以真正的问题不是收入的不平等，而是在体制内受企业保护的正式员工和在体制外受市场排挤的非正式员工身份的不平等。

滑梯社会

前面提到的"过年派遣村"的村长汤浅诚把当前社会称为"滑梯社会"，也是因为社会上存在着对非正式员工的不公平现象。日本经历长期发展已经建立起三重社会保障体系：企业方面提供的雇用保障、包含年金和雇用保险等在内的社会保险以及最后政府提供的公共性质的生活保障。但是这个体系存在着漏洞。

> 非正式员工往往无法享受到企业的雇用保障，也难以进入社会保险的保护范围。享有获取失业补助资格的人大部分是大企业的正式员工，而事实上他们几乎不会面临失业问题。从这个意义上看，失业补助并没有真正起到调节社会差距的作用。另外非正式员工若真的落入生活窘迫的境地，他们也往往难以得到生活保障金的援助。
>
> （『反貧困——「すべり台社会」から脱出』）

也就是说现代社会贫穷问题的特征是，一旦劳动者从三重保护体系中脱离出来，失业之后，就像坐滑梯一样一直向下，最终沦为无家可归的流浪汉。这种现象也可以说是日本社会城市化的副产品。以前，有很多从农村出来的务工人员在大城市从事简单的体力劳动。经济不景气时，他们就回到农村，在农村的大家族里重拾农具也能勉强度日。另外，在城市街道工厂较为集中的地区往往会形成一个生活共同体，对于工作在其中的人而言，这家的街道工厂倒闭了，可以换家工厂继续工作。这种保护体系是自然形成并发挥作用的。

但是这几十年来随着城市人口不断集中、产业结构不断发展，原本安定的生活共同体被打破，越来越多的"核家族"㊀切断了以往的亲戚人脉。所以一旦失去企业这个共同体，成为失业者，社会上将没有任何其他缓冲组织可以接收这批失业者群体。

过去，日本社会的缓冲装置运行较为完善。长期的和平安定，在农村形成了稳定的中间集团，集团内部有着发达的互助体系。直到中世㊁，日本的田地都是公共的，为整个

㊀ 日语中的一个特殊称呼，指代 3 人家庭，即只有父母和 1 个小孩。——译者注

㊁ 西元 1192 年，源赖朝在镰仓开设幕府，从此开始了在日本被称为中世的时代。中世历经了镰仓时代、南北朝时代、室町时代、安土桃山时代，长达 411 年乱世。直至 1603 年江户幕府成立，才终结了兵荒马乱的局面。——译者注

村庄所有,收成则平均分配给各家各户。田地、水源的分配都有着严格的规定。严禁出现任何争端,一旦发现有人试图破坏规矩,就会对他实行"村八分",将他排除出这个生活共同体。这样一来整个村子的贫富较为均衡,很少出现饿死人的事情。也就是说在农村,这种生活共同体起到了一个社会缓冲装置的作用。

日本进入工业化社会以后,扮演缓冲装置角色的就是公司了。明治维新之后的企业最初形态接近于欧美的股份公司。而后发生了变化,在不断吸收聚集熟练劳工的过程中,渐渐染上了农村集团的色彩。经营者成功地把从农村出来务工的人集中起来形成一个类似于家族的大集体,提高他们对集体的忠诚度。但是20世纪90年代以后,日本的产业结构发生变化。这种带有封建家长制的体系也随之崩溃,维系这种日式中间集团团结一致的向心力也不复存在,进而带来了整个缓冲机制的瓦解。

随着近代化、城市化的发展,人口流动性不断增大,而中间集团的向心力则在逐渐减弱,这是任何一个国家都无法避免的情况。在日本这点尤为明显。中根千枝曾指出日本社会(来自对农村的分析)的特征为中间集团内部的纵向联系很强,井然有序,但横向关联较弱。现在这种好不容易才建立起来的横向联系,也就是之前提到的农村或是公司这类生活共同体,已经开始瓦解了,要想再建,极为困难。

汤浅诚和一些志愿者向居无定所的劳动者提供临时住宅,向厚生劳动省呼吁发放失业补助和生活救济。这本身是极有意义、极为难得的行为,提高了整个社会对这群人的关注度,在政治上也是颇有意义的。但是派遣村活动结束后,劳动人员还是会重新回到居无定所的生活状态。因为派遣村活动不是治本的方法,无法创造出就业机会。

《蟹工船》和秋叶原事件

小林多喜二的《蟹工船》发行量达到160万册,后来还被拍成电影、搬上了荧幕。这部无产阶级小说写于1929年,描写了无产阶级的贫困和工作的辛苦。当一部分影评家给出了其"刻画出'穷忙族'的生活状态"的评价后,该书开始大范围的热销。其实它里面描述的是二战前劳工像笼中鸟一样在环境恶劣的工场里受监禁、不自由的状态。这和工作更替频繁的穷忙族的状态正好是相反的。而且,小林多喜二后来被警察拘捕拷问至被杀。当今社会应该不会再出现这类镇压了。

但是《蟹工船》作为一种大众小说，有其本身的戏剧性的吸引力（电影的版本也是如此）。很多日本年轻人看到劳工遭遇残暴的压迫后奋起反抗时都纷纷表示同情，或许这里也暗含着他们无处安身、积压已久的焦虑情绪。

2008年6月的秋叶原杀人事件，也是源于这种焦虑感。凶手是一个派遣员工，不停地在各个工作单位奔波，工作上的不满情绪越积越多，最终爆发。无独有偶，20世纪70年代的欧洲，社会失业率超过10%，年轻人之间掀起"朋克"（不良）之风，各种暴动和犯罪行为接连出现。朋克发展成为一种文化运动，后来诞生出像冲撞乐队（The Clash）这类的朋克摇滚。

这同秋叶原杀人事件的原因是一样的。当时欧洲社会对解雇实行种种限制，中老年劳动者可以得到势力强大的工会的保护，年轻人很难找到工作。需要进行临时裁员（暂时解雇）时，也是先裁掉年轻的劳动者。一方面中老年劳动力无所事事，另一方面年轻劳动者失业率达到百分之几十。这也说明了为什么雇用制度规定得越严格该国失业率反而越高。现在，日本的经济同欧洲一样走进成熟阶段，所以也出现了同样的问题。

秋叶原杀人事件之后，厚生劳动省提出了禁止日派遣工的法案（2009年度日本国会上成为废案）想通过立法进一步强化稳定雇用。但这只是权宜之计，而且真实施起来也只会起反作用：首先秋叶原杀人事件的凶手并不是日派遣工；一旦禁止日派遣工，大批派遣劳动者连派遣都做不成，只有去做更不安定的日工了。

秋叶原事件中凶手犯罪的起因是他找不到自己的工作服，觉得自己要被解雇，要被公司抛弃了。对他而言，公司是他与这个社会相联系的唯一的一个点，可是现在他感到公司不要他了，或许那时他内心害怕的是在这个"滑梯社会"跌倒后将会一直跌到谷底，永无翻身之日。

所以不论是对着《蟹工船》落下多少同情之泪，还是为居无定所的自由职业者的住所问题奔波呼吁，都无法解决根本的问题。他们最最需要的不是住所，不是失业救助，而是工作。能否成为正式员工，这是每个年轻人毕业进入社会就得面对的一锤定终身的现实。在日本晋升、工资体系实行的是年功序列制，所以自由职业者年纪越大就意味着成为正式员工的可能性越小。如果劳动力市场继续这样僵化下去，不做任何改变，自由职业者的境遇不可能好转。

还有一种论调表示:"劳动(力)分配率⊖下降都是因为企业把钱拿走了,应将这部分内部保留金分给穷忙族。"之所以出现这类声音,是因为他们没有真正理解劳动分配率这个概念。劳动分配率=工资总额/GDP,所以劳动分配率数值下降并不意味着工资的下降。分母GDP上升了,也会出现劳动分配率下降的情况。

如果看看日本近30年的劳动分配率指数(见图7-3),

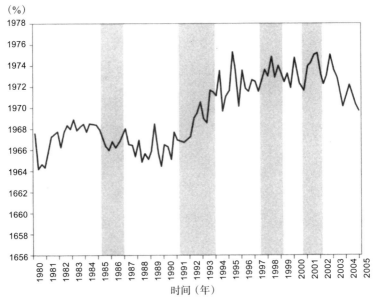

图7-3 劳动分配率变化图

资料来源:国民经济计算。

⊖ 劳动(力)分配率,劳动所得份额,即工资在生产附加价值和劳动所得中所占的比率。——译者注

人们就会知道，经济不景气（阴影部分）时，数值上升，经济景气时，数值下降。不论经济形势如何，劳动者的工资都保持在一定的水准。与此相对的是支付劳动者工资之后，企业的利益倒是不断在波动，经济景气时数值上升，不景气时数值下降。由此可知，经济景气时劳动分配率会下降。

所以，2007年以前的经济景气时期劳动分配率下降并非"资本家独占利益"，而是由于经济发展好，GDP（分母）数值变大造成。经济不景气时劳动分配率上升则是相反的情况。尤其是日本企业，企业业绩不好也不会裁员而会在企业内部加以调整，采取维持劳动关系的措施。所以出现工资没降，劳动分配率上升的情况。所以想提高劳动分配率，有个办法是别让经济好起来（估计今后劳动分配率就会上升了）。

另外，在企业会计上是没有留存利润这一说法的，一般会将其视为留存收益。但是这也属于资金的一部分，大部分都是用来投资设备的，一般不会有现金余额。尤其是现在经济不景气，这部分留存利润更可以起到一个缓冲调节的作用。如果把这部分钱全部发给劳动者，资金周转就会出现问题，如果因此导致企业最终倒闭，将会出现更多的失业人员和自由职业者。

年轻的非正式员工在渐渐老去,当他们到了 40 岁左右的时候,和同一代的正式员工相比,两者之间的收入差距将会扩大到两倍,并且由于他们没有专门的技能,所以也不可能指望被中途录用然后得到一个固定的岗位。现在非正式员工的队伍里,年轻人的比重越来越大。20~24 岁这一年龄段的非正式员工占到了全体劳动人口的 43%(《青少年白皮书》)。随着高龄化进程加快,这个群体正在迅速老去,届时自由职业者的比例将会占到全部劳动人口的一半。那时日本也将面临欧洲曾经面临的各类问题,如移民犯罪、社会荒废等。

新的身份社会

正式员工的既得权利受到保护

说起非正式员工,大家一般都会讨论派遣劳动者的问题。但如果看到图 7-2,就会明白非正式的员工比例在 1999 年《劳动者派遣法》修改前就出现增长。当时派遣劳动者只占非正式员工的 8%。世界上很多其他国家也存在经济不景气的问题,但他们没有像日本一样出现派遣劳动者急剧增加的情况,为什么单单日本如此呢?这是因为在日本,正式员工几乎不可能被解雇,所以企业只有调整雇用政策,停止招新,转向招合同工或是派遣工。OECD指出,日本的雇用政策调整中出现这种倾斜是源自公司对正式员工的保护过多。

> 日本对解雇正式员工设定的规制非常严格,在OECD的28个成员国中排行第十。尤其是2003年修改《劳动基准法》后规定:"如果没有客观合理或得到社会普遍认可的理由,不得解雇员工,否则将视为滥用权力,解雇无效。"由于解雇规制越改越强,企业为避免劳资纠纷,开始有意控制正式员工的录用人数。
>
> (对日审查报告)

最后在结论处,这份报告向日本政府发出呼吁,希望能够采取措施有效阻止劳动力市场的两极化扩大趋势,促进劳动力市场的流动。

> 非正式员工的比例超过所有员工的1/3,这带来公平和效率等一系列的社会问题。两极化不断发

展,非正式劳动者工资低、工作经历少,在人力资源方面使自身能力获得充实提升的机会也受到严格限制,他们这批人逐渐形成了一个新的社会阶层。因此,需要采取相应措施,如设置灵活机动的正式员工雇用制度、扩大非正式员工的社会保障制度的覆盖范围,建立并充实职业训练项目等。

《对日审查报告》的日语版中(或许出于政府方面的原因)有很多表意不明的地方,但这些内容在报告原文却表述得相当清楚,原文明确指出:"削减对正式员工的雇用保护政策。"在信息革命浪潮之下,要实现产业结构改革和经济发展,日本必须改革日趋僵化的日式经营,必须面对一系列新的课题:放宽对正式从业人员实行的种种解雇保护规制,促进劳动力的流动。

经营者和工会勾结

日本劳动力市场存在着过度保护,最大的问题出在司法方面。日本的《民法》第 627 条规定,在当事者没有约定雇用期限时,当事者任何一方都有权随时提出解约。也就是说原则上是解约自由。《劳动基准法》第 20 条也只是规定说"使用者解雇劳动者时至少要提前 30 天通知对方"。

但是实际上,在法庭做出判决时却又附加了许多其他条件,使得解雇受到严格限制。例如日本国民众所周知的 1975 年日本食盐制造事件一案,当时的最高法院的判决是:"雇用者行使解雇权力时必须具备客观合理并且能够获得社会普遍认可的理由,否则被视为权力的滥用,解雇无效。"(后来被列入《劳动契约法》第 16 条)

但是"合理理由"这一概念过于抽象,尤其是在整理解雇㊀(公司运营遇到问题,业绩不好时对员工进行调整)过程中,究竟什么样的理由才算得上是合理的呢?下面是法院的 4 条判例,一般认为是整理解雇必备的四要件。

1979 年东洋氧气事件,东京最高法院的判决中举出以下 4 条:

(1)确实有人员削减的必要:为维系企业的合理运作,不得不关闭事业部门。

(2)为避免解雇员工,公司已用尽各种经营努力:已尝试将员工移至其他事业部门或类似岗位但结果失败。

(3)合理公平的解雇对象选定标准:在选定被解雇者时

㊀ 雇用方因经营上的事由需要削减一定数量人员的解雇叫整理解雇。——译者注

应有一个客观合理的基准。

（4）妥当齐备的手续：需要和工会签订协议，严格按照程序进行。

这四条原则当时并没有说是解雇必不可少的原则，但不知为什么此后凡涉及这类劳动案件时一般都会沿袭这四条原则。若严格按照这四条原则，除非企业倒闭或是从该事业项目退出，否则基本上不可能出现解雇的情况。

每一个劳动案件都有各自的特点，并不是说以上四条一定要全部满足才能解雇员工。可是这种观念已经在社会上流传开来并深入人心，解雇也就变得相当艰难。尤其是大企业的劳务负责人，他们往往非常注重企业形象，担心劳资纠纷对公司造成负面影响，所以倾向于不解雇正式员工。于是，派遣及承包这类劳务形态就增多了。这里还需说明的是"为避免解雇员工，公司已用尽各种经营努力"这一条，影响尤为重要。竹文熊曾就此发表意见：

> 整理解雇的四要件中提到"为避免解雇员工，公司已用尽各种经营努力"。而这些措施自然包括削减非正式雇用及停止录用新人等内容。也就是说司法方面认为经济不景气时，如果要停止招人，也

得首先从"非正式员工"下刀,即停止招"非正式员工"。由此可知,对他们而言,非正式员工不过是雇用环节里的调节力量,是保证正式员工不被解雇,维持正式员工既定工资水平的手段。在这一点上,经团连㊀和日本工会总联合会的利益是一致的。

(WEDGE)

从经营者的角度而言,一方面来自股票市场的压力要求他们尽可能降低工资成本,另一方面工会又向他们施压要求不得解雇员工。结果他们只得与工会联合起来达成一致:为保护工会成员的既得利益,不再录用新人,改录非正式员工。更何况法律也规定企业负有"为避免解雇员工,公司已用尽各种经营努力",所以这是非常合乎理法的。

在这重重规制下,企业若想对正式员工(工会成员)进行整理解雇,首先必须解雇非正式员工。因此,工会为了保住既得利益,就要不断地增加非正式员工,这样就等于为自己建立起更加厚实的"防护墙"。另外,对于经营者而

㊀ 经团连:日本经济四团体之一。1946年成立,主要任务为联络各经济团体,对内外财政经济进行研究并提出建议等。被称为"财界的总部"。——译者注

言，非正式员工工资低，解雇也不受限，操作上更为灵活有利。

另外，司法方面的各种劳动者保护政策等也只限于正式员工。正式员工以外的其他人无权享受。日本邮递劳务案件[一]的判决："长期雇用者和短期雇用者的雇用形态不一样，所以适用的工资制度不一样，公司的做法没有不合理之处。"这导致后来类似的劳资纠纷纷纷沿袭这种歧视做法。

一方面，经营者一心想要降低工资成本，另一方面，工会为保住自己利益，一个劲儿地增厚"防护墙"以避免自己被裁，最终他们找到了利益的平衡点，那就是大量雇用非正式员工。这导致社会上出现大批的自由职业者，他们的权利无法得到保护。换句话说，现在的种种雇用规制，其本质就是经营者和工会之间为保护各自利益，歧视非正式员工，侵害非正式员工利益的制度。这批弱势群体根本无法参与公司的任何经营决策，这种新的身份等级社会逐渐成形、固定，而这批人在身份受歧视、利益受侵害的状况下渐渐老去。

[一] 日本邮递劳务案件：2002年的案件。被告为一家邮递公司，原告为4名该公司的非正式员工。其中工作年限最长的达到8年，最短的为4年，但因为是非正式员工，所以每隔3个月需重新签订合同。工作内容与正式员工一样，平均工资却只有正式员工的6成。被告要求原告赔偿工资差额，最终大阪当地法院判决原告败诉。——译者注

我们所看到的不平等社会不过是问题最终显现出来的结果，其实质是非正式员工在劳动市场上遭到恶意歧视和排挤。造成这种局面首先应当归结于带有家长制色彩的工会和劳动使用方之间利益的勾结；其次，高唱温情主义的口号，为保护正式员工的既得利益采取一系列目光短浅的做法，在最终导致非正式员工受歧视、受侵害的司法规制方面也有着不可推卸的责任。

规制过剩引起的"伪装承包"

"伪装承包"也曾经是热烈讨论的社会话题。这是《朝日新闻》创造的新词。以签订承包合约的形式来录用劳动者，但实际上承包工的工作同正式员工的工作一样。这类现象多见于制造业，2006年《朝日新闻》将这种现象作为社会热点问题进行大量报道，引起广泛关注后，厚生劳动省对此进行了行政干预。日本经团连会长御手洗富士夫同时是佳能公司的会长。由于佳能也存在"伪装承包"问题，国会进行搜查取证时他曾作为旁证人接到传唤，引起社会各界广泛关注。御手洗会长在经济财政咨询会议上做了如下发言后，在野党才意识到问题严重性。发言如下：

承包方多由中小企业承担。比如说把某项工作交给A公司承包，然后另外一道工序交给B公司，这样对工序分类处理后，几乎所有的工序都可以承包出去。但很少有承包方能够严格按照公司工序要求标准执行。可是按照规定又不能对承包方的生产做任何指示或要求，所以我们只能以行政指导的形式加以规劝。这里规定和现实存在着矛盾。

按照规定，派遣劳动者被雇用3年后就必须转为正式员工。所以经营方倾向使用不受此规定限制的承包工。而实际上，承包工和公司的正式员工在公司里做着同样的工作。这就是"伪装"一词的由来。后来厚生劳动省指出这种做法违背了职业安定法，佳能方面也制定方针表示要全面废除承包合约。

但是令我不解的是《朝日新闻》处理这件事情的角度。毫无疑问，佳能的雇用存在着违法现象。但使用"伪装承包"这种说法本身容易误导大众，会让人认为这种雇用之所以违法是因为名不副实，这不过是形式上的违法。如果去读他们写的"伪装承包"报道，我们就会发现承包工的待遇并不比派遣工或是合同工的待遇差，并且这些劳动者会觉得自己比合同到期就不得不走人的合同工或是零工、兼职人员的情况要好得多。也就是说问题并不在于派遣工的劳动条件有多么悲惨。在这一点上，御手洗会长指出法律没有考虑现实情况倒是正确的。

对于劳动者而言，能成为正式员工固然最好不过了，可是有工作、有承包总比无事可做来得好。《朝日新闻》大量报道揭露这种现象后，企业出于权宜之计将承包合约全部作废，之前有承包可做的劳动者这下完全失业了。今后企业就算业务繁忙也只能命正式员工加班加点，不会再录用其他人。结果就是之前靠派遣或承包工作为生的大部分人将会彻底失业。企业感到在国内发展受到种种限制，便会转向海外市场将工作外包给对方，日本产业空洞化将进一步加剧。

伪装承包，还有后来出现的自由职业者、尼特族⊖，这些现象出现的根源在于厚生劳动省的家长主义，他们认为只有正式员工才算正规的雇用，他们只维护正式员工的既得利益。所以劳动保护也就只限于正式员工，即工会成员。非正式员工或失业人员从来不在他们的考虑范围之

⊖ 尼特族（Not in Employment, Education or Training，NEET）是指一些不升学、不就业、不进修或参加就业辅导、终日无所事事的青年族群。这个词最早在英国出现，在日本指的是 15～34 岁年轻族群，在中国一般被称为"啃老族"。——译者注

内。所以这里的问题并不是要让非正式员工"升级"转为正式员工，而是要换个方向，缓和放宽解雇正式员工时的各种规制，促进劳动力市场的自由流动。

灵活的劳动市场才能增加雇用

有种观点把所有失业的原因都归结到失业人员身上，这是不对的。劳动供给过多、劳动需求下降出现失业人员，这是劳动力市场本身出现了问题，不应当从失业人员身上找责任。最大的问题是要理顺劳动力市场的各种关系，建立新的体系，使得劳动需要与供给保持一致。

要做到这一点，首先要保证经济健康发展，然后要提升企业雇人的积极性。对解雇实行种种限制，对已有雇用关系在身的员工是一种保护，但是会削弱企业起用新人的积极性，对于没有雇用关系在身的失业人员（或者非正式员工）则是很大的负面作用。

这两种影响究竟哪种作用更大不能一概而论，但是2007年的统计数据显示，解雇自由的美国失业率为4.6%，而雇用规制较强的欧洲失业率则为7.9%。此外，失业时间方面的数据，美国短于4个月，而欧洲则是15个月左右。现在世界经济不景气，一般认为美国的失业率为9%，而欧洲则要超过10%，也就是说雇用规制越少，劳动力市场越宽松，国家失业率越低，换句话说当解雇变得容易时雇用会增加。

简单地说，就是工会强调要保护劳动者权益的时候，因为保护的是正式员工（工会成员），所以很多时候其实是同时在损害失业人员或非正式员工的利益。例如调高最低工资标准，这对于有工作的员工而言无疑是好的，但是不利于劳动需要的增加，对失业人员而言则是不利的。财界对雇用规制的质疑往往会招致一片骂声，说他们只知道追求利益。但是别忘了，雇用劳动者的不是工会，而是企业。企业利益不增长，雇用也没法增加。

比如说一个大企业现在感到人手不足，需要增加3个员工。因为不能轻易解雇正式员工，所以雇用正式员工时需要支付的工资就同设备投资一样成为固定成本。数据分析后可知，在员工超过1000名的大企业里，大学毕业后进入该公司的正式员工（男性）一生的工资（平均）为2.7亿日元，加上退休金等约有4亿日元，如果再加上公司提供的住房或是医疗等福利，总收入将会超过5亿日元。

只是设备无法使用时公司还可以转卖，劳动人员却无法转卖，即使后来发现他们对公司毫无用处或是他们无事可做了，企业也不能辞退他们。所以接下来的40年，公司还是得不断地支出，维持雇用关系。由于对方是刚刚毕业的大学生，并且仅靠两三次的接触就要做出这么大的投资决定，对企业而言风险极大、成本太高，所以经营者决定只录用一名正式员工。

可是如果以派遣或是承包的形式来雇人，就不一样了。合约到期，雇用就结束了。企业可以根据实际需要或是业绩灵活地对雇用进行适当调节，这笔投资就变成变动成本。这样一来就不存在5亿日元的风险问题，剩下2个人的人手问题可以通过派遣解决。哪怕支付给派遣公司的费用同正式员工的工资一样，对企业而言，这帮助它们规避了市场风险，企业自然更乐于选择派遣这种形式。这就是派遣员工不断增加的原因。

我们可以设想，如果可以去除种种限制，使得解雇正式员工成为可能。如果正式员工的工资对企业而言也是变动成本，也就不存在高达5亿日元的风险问题了，劳动成本也会大幅度下降。使用正式员工和使用派遣员工的支出、风险一样的情况下，为提高全体员工的生产积极性，企业自然乐意将所有员工变成自己的正式员工。价格、基本工资不变，劳动成本降到1/3，雇用就会增长3倍。

从以上分析不难看出，可通过缓和各种解雇规制来实现劳动成本的降低和雇用的增加。前面的例子也充分证实了这点。在美国，解雇相对自由；而在欧洲，劳动者是受到相当程度的保护的，解雇劳动者会受到重重限制。但是美国的失业率要低于欧洲的失业率。现在的法国，失业率已经超过了10%，成为当地严重的社会问题。

在这样的情况之下，法国政府在2006年拟定提案《初期雇用契约》(CPE)，该提案规定2年试用期内可以解雇年轻劳动者。但没想到法国国铁部门很快就举行了长达36小时的罢工，这是法国自1968年之后第一次出现"内乱"状态。

乍一看CPE提案似乎对年轻人很不利，但它对移民劳动者而言是有利的，法国现在的情况是这部分移民劳动者为失业人口中的绝大多数。按照法国现行法律的规定，一旦雇用关系成立之后几乎不可能解除，所以现在雇用机会几乎全部集中于名牌大学出身的人身上。劳动者之间的阶层差距在不断扩大。CPE提出"试雇用"的概念，意在增加青年人的就业，使青年人能获得更多的雇用机会。

但是由于遭到工会的强烈反对，最后CPE还是被退回。法国依然是世界上失业率最高的国家之一。法国的就业情况一直不太好，尤其是年轻人的失业率已经达到了23.9%

（见图7-4），这个数字是日本的3倍。日本如果继续采取严格的解雇规制，如禁止日派遣工等，或许日本也很快就要向法国看齐了。

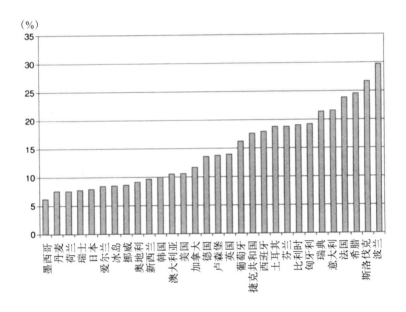

图7-4 世界各国年轻人失业率

资料来源：UNDP。

事后的正义

善意引向地狱

上面说的这些事实，是大多数经济学家都意识到了的问题。但是要想把它作为政策实行落实下来却是难上加难。当人们得知改革是要将解雇变得更容易时,很多人会高唱感情论,他们会说"为了保护大资本家的利益,居然执行这种冷酷无情的政策"。这是改革最大的阻力,也是改革最终不了了之的重要原因。电视机里面天天播放着"穷忙族"悲惨的生活,评论家们也在大声呼吁"要救助这部分群体,一定要禁止派遣",这一切宣传都深得民心。但是大家却没有想过正是这种表面的正义逼得弱者更弱。

说到这里我想到一个故事。房东想要装修一下房子,希望房客退租,但是房客拒绝了,房东于是起诉房客。房客较之房东明显处于弱势地位,所以法官一般会做出有利于房客的宣判,如"无正当事由不得要求房客退租",这种宣判属于事后的正义。

但是,一旦这样的判例增多,房客的权力就会逐渐增大,甚至还有房产的七成最后归房客所有的情况出现。事情发展到这里,房东将房子出租时就会考虑到房客好进不好退,所以就会多收一些钱来补贴这部分损失。他们会拒绝那些看起来就可能会久居不退的房客,或者仅针对单身房客出租单间房屋,结果就造成日本的房屋租赁市场上房屋质量低、租金高等问题。

像这种事发后的判决或是规定，从结果来看正确无疑，但在事发前会起到一种预先的消极作用，而这种作用会打击积极性，降低效率。我们称其为事后正义。

当然，发生争端时，这种判决或规定有利于结束争端，达成妥协，这样总比事件得不到解决来得好。但是从大的经济整体来看，整个房屋租赁市场供给减少，绝不是什么好事。也就是说事前的预先作用和事后的正义之间存在着不可协调的矛盾，即这里存在着二律背反㊀（trade-off）。

当然，事后的正义还是正义，绝对不能忽视。但是在处理具体情况时，如果按照事后正义的处理模式，发现有一方总是处于绝对的不利状态时，我们就必须格外小心。现在的情况是我们总是站在弱者的角度考虑问题，结果给整个社会带来了消极的影响。《土地租赁和房屋租赁法》后来出现问题就是一个典型例子，仅通过司法的力量要想权衡出判决结果的长远影响是相当困难的，所以这个问题只能交给立法解决。

㊀ 二律背反是康德的哲学概念，意指对同一个对象或问题所形成的两种理论或学说虽然各自成立却相互矛盾的现象，又译作二律背驰、相互冲突或自相矛盾。——译者注

萧条的消费者金融[一]行业

同样的现象还出现在消费者金融行业。《金钱借贷业改正法》颁布之后，很多借贷者提出诉讼向消费者金融公司讨要之前多支付的利息。因为按照日本《利率限制法》的规定，借贷利率最高不得超出20%，但《利率限制法》之外还有《出资法》，按照《出资法》规定，只要借贷者同意，年利率不超出29.2%就不算违法，因此，几乎所有消费者金融公司的年利率都定在《出资法》允许的最高年利率。但是后来在一次判决中，最高法院认为29.2%的年利率不具备法律效应，并在后来的《利率限制法》中也肯定了这一判决，所以便出现前文所说的有许多借贷者开始向消费者金融公司索要多支付的那部分利息的场景。

在Google上搜索日文单词"遇払い金"（即"灰色地带"产生的借贷者需多支付的利息）总共出现了127万个条目，更令人吃惊的是在搜索页面的第一页有个网站赫然标着："借钱就是存钱。"网站宣传语如下：

[一] 日本的消费者金融是指在营业所在地财政局或都道府县政府取得营业执照的，提供个人消费性融资的小额贷款，或指贷款业界中以对个人无担保融资为主的贷款业态。——译者注

人人都在说,"继续漫不经心的话,小心你多支付的利息就再也讨不回"。最近有很多借贷者开始向消费者金融公司讨要多支付的利息,现在整个消费者金融业界经营状况急剧恶化。趁着消费者金融还有钱可付,赶紧要钱,否则就来不及了。现在不赶紧讨钱,以后可就要后悔了。赶快讨要多支付的利息,先讨先得。

这是一家法律事务所的广告,我看到这里不免觉得问题实在严重。这则广告并不是要去帮助那些背负重债的人解决债务问题,而是在鼓动那些已经还清债务的人去重新讨回自己多付出的那一部分利息。"把消费者金融的资产变成借债人的存款",他们居然以此为宣传语。《金钱借贷业改正法》颁布之后,已有越来越多的律师嗅到其中的商机,准备大发横财。

的确,消费者金融业界存在掠夺式的放款现象,必须尽快解决这些问题。但是需加以规范、整顿的是违法、暴力的交易。整顿业界面临着重重困难,此次改正法的目的本在于将那些赚取高额利润的放贷者清出金融市场,但没想到带来如此大的副作用,导致信用收缩,极大地影响了事业资金的融资。在经济不景气的时候本就不应该对利息做出限定。若想将高利贷的不良影响降到最低，应该提高业界从业者的资格认定，同时加强对不法行为的取缔。

另外关于灰色地带的利息问题。法院判定违法后，不断地有还款人提出新诉讼要求讨回已支付的利息。这极大地伤害了日本作为法治国家应有的商业信誉。花旗集团宣布撤出日本的消费者金融时在记者招待会上表示："在没有规则的国家里，没法进行商业活动。"

按照法院的判定，存在两种上限利息时，低利息才是合法的。做出这一判定的相关人员毫不考虑这一规定出台后的影响，实在是目光短浅。这一判定关乎业界从业者的直接利益。他们投资时当然不可能不考虑到这一点。所以结果就是日本的消费者金融业从业人员较改正法出台之前减少了一半左右，融资额也减少了两成以上。日本合法的融资成本增高，海外进来的投资也会减少。在全球投资家中颇具影响力的英国《经济学人》杂志也报道了日本的高利贷业界一片混乱的情况，上任总编辑比尔·埃莫特（Bill Emmott）的评论相当尖刻："这次改正后，消费者金融借不出钱了，最开心的应该是地下高利贷。"

否定二律背反的人

经济学是一门在多对二律背反中做出取舍，判断哪对相对重要的学问。尽管《经济学原理》（曼昆著）将二律背反这一原理排在"十大原理"之首，但事实上这世上有太多人无视这条原理，他们只信奉某一单独的目的，主张这一目的的绝对优先，其他所有目的都不可与之相提并论。

其中最常见的就是"生命是无上尊贵的"这一论调。当我评论《建筑基准法》修改得过了头时，很多律师跑来攻击我，说我这是"无视生命的新自由主义"。他们把生命看得比一切都高，为了保障人的生命不惜付出一切代价。可是按照这个逻辑，之前依照旧版《建筑基准法》修建的所有住宅都应该被拆毁，汽车、飞机也都应该被停产才对。

在美国，一个医疗过失案件可以拖垮一家医院。这个案件发生之后，为了尽力避免医疗过失的发生，医生会要求患者做各种全面哪怕是完全不必要的检查，结果造成美国的医疗费用全球最高。如果这样还是无法避免被起诉的风险，医院干脆就一拒了之，最后导致患者投医无门。同样，日本的妇产科现在面临的问题，并不是医生人手不够，而是因为手术失败医生受罚、被判刑一案的影响，其根源就在于司法把生命看得重于一切。这样发展下去只会导致更多的生命受到威胁。

我们常常可以在法律专家身上看到这种幼稚的正义观。在法庭上，只有敌人或者同伴，不存在二律背反这样的情况。律师们帮债务人讨要之前多支付的利息，本意或许只是想要维护弱者的利益，殊不知，他们这种行为会间接导致消费者金融破产，使得整个信用行业陷入危机。

自然科学家里面也有很多这样的人，将自己所研究的专业绝对化，置于最重要的位置。比如说，有一群地球科学的专家们集合起来联名写了一篇论文，题为"对全球变暖问题质疑的质疑"。在论文中，他们批判了哥本哈根峰会。哥本哈根峰会是全世界的科学家和经济学家齐聚一起共同探讨去全球性问题的峰会。但是在这次会议上，疾病和贫困的问题的讨论和解决被排在了气候异常之前。对此，他们批判道：

"提出'贫困还是气候异常'这种问题，其实就相当于在问'对人类而言究竟是水重要还是食物重要'一样，毫无意义。再说所有的食物里面都含有水，所以我们只能回答'两者都非常重要'。所以我们必须要尽可能顾及两方面（比如说节省一部分游乐的开支）。"

但是真实情况并不是如此。哥本哈根大会不应该继续遵循"贫困问题还是气候问题"这种二选一的逻辑，而应该对每项事务的轻重缓急进行权衡后，合理分配。全世界有很多的问题需要解决，但绝不是说每解决一个问题，都必须集中全部政策资源（如开发援助等）。我们应恰当判断并评价问题的重要性和紧急性，排在优先序列前部的有必要给予一定的政策倾斜。

"两者都非常重要。"这根本就不是答案。若解决气候问题和贫困问题无须花费什么资源，那很好办。可是问题在于我们面临的现实情况是政府的开发援助预算是有限的，地球环境相关的预算增加意味着解决贫困问题时的资金将会减少。在有限的政府资源中去寻求一个妥协的平衡点，这就是政治。也就是说，说到要"节省一部分游乐的开支去买水和食物"时，这里存在着二律背反的问题。

需要节省一部分游乐的开支，这是不言而明的事情。但是什么是必要开支，什么是不必要开支，如何分类，这又涉及政治上的决策了。在每年有超过1000万的人死于传染病或水污染这一事实面前，也许有人认为"100年后气温（也许）将上升3摄氏度"并不是那么亟待解决的问题，属于可以节省的那部分开支。正如哥本哈根大会一样，经过考虑讨论最后的结果是，温室效应气体的减排议案的紧急度排在了最末。

这篇论文的作者是日本东北大学、美国哈佛大学等高校的地球科学方面的学者，所以他们自然会把自己所关注和研究的领域排在首位，但是在预算有限的情况下不可能使每个课题都得到最大限度的援助。全球气候问题的根源还是经济问题。就算他们的预见是正确的，如果解决贫困问题带来的社会效益高于解决气候问题带来的社会效益，那么在贫困问题上投入的预算就应该高于环境问题。

合规和遵守法令

姊齿秀次伪造结构计算书事件㊀是姊齿秀次谋求个人私利的舞弊事件。后来由于事件影响恶劣，国土交通省因此改动了《建筑基准法》。结果新建住房数下降了一半，影响GDP增长，经济损失惨重。

另外，村上基金案件也暴露出日本司法的问题。在该案

㊀ 姊齿秀次伪造结构计算书事件是一宗发生于日本的建筑舞弊案件，该案于2005年年末被揭发，起因于一级建筑师姊齿秀次基于个人利益而长期伪造结构计算书，导致其经手的许多公寓、大厦和宾馆等建筑实际上不符合《建筑基准法》所规定的抗震强度。此事件除了造成众多住户及建筑所有权人的损失外，也引发日本社会对于自家建筑的安全疑虑，随后陆续发现其他的伪造事件。——译者注

的一审判决中,整个司法界都谴责村上"低买高卖"这种完全利益至上的做法,似乎日本司法界一直存在着对市场经济的厌恶情绪。

此次判决对内部消息做出定义,即认为内部消息是"除去完全不可能实现的情况,只要有可能成为现实,这个消息就算内部消息,不论这个可能性是高是低",这导致经营者无法从事自己公司的股票交易,从而引起市场大混乱(该判决在二审时,得以修正)。在美国投资基金"Steel Partners日本战略基金"对牛头犬调味品公司(Bull-Dog Sauce)收购案中,法院认为经营者应承担一定社会责任,认可企业通过向美国投资基金支付补偿金来采取收购防御措施,也就是说司法认可用股东的资金来保障经营者的经营权。

建筑的抗震性能究竟如何,这个问题很复杂,仅凭图纸无法确认,而且大部分问题是出现在施工阶段的偷工减料上。姊齿秀次设计的建筑物因为被认为"发生烈度5级地震时可能倒塌",所以要全部推倒。那么按照这个理论,是不是1981年《建筑基准法》修正之前的所有建筑都要推倒重建呢。但是政府和媒体都没有意识到这些问题。因为到目前为止还没有出现建筑物在5级的地震中倒塌的现象。

建筑违反《建筑基准法》的规定并不意味着该建筑就一定是危楼。国土交通省之所以揭发这种行为,是因为它违反了法律的规定。媒体口诛笔伐也是因为姉齿秀次本人也承认抗震数据上存在作假。从这个角度来说,政府还有媒体所攻击的并不是实质性的安全问题,而是手续上的违法问题。

出现这种现象的原因很容易解释,官员、媒体都不具备建筑方面的专业知识,他们无法判断该建筑究竟是否安全。但是违不违法这个问题只要依据警察或监察方的判断,就可以立即得到答案。过去总是媒体单方面地进行丑闻或是犯罪报道,后来在三浦友和起诉媒体损坏名誉的案件中,媒体败诉。由此建立一条规则:在确定有罪之前,任何犯罪嫌疑人都享有同自由人一样的权利。这本身是件好事,但这也导致通过其他非公共渠道获得消息的调查报告从此销声匿迹,媒体的报道更多地集中于警察局立案后的事件。

对此,乡原信郎指出,一味关注是否违法而不是去看事情本身,抱着消极的心态,认为反正违法了就会被揭露,那么没被揭露就证明没问题,这时企业就不会自己去思考一些问题。法务部发言人的地位比社长还要重要,这就造成为达到形式上的遵守法令劳财费力,而真正的合规却无人关注,正是因为这样，媒体在食品伪装事件时仅关注"篡改"或"捏造"本身，实质性的安全问题却没有人理会。正是这种偏差才出现"官制不况"[一]。

.... 延伸阅读 ....

非对称性信息

在最近的经济危机中，经常会听到非对称性信息这个词语。比如金子胜在著作中反复写道："在信息经济学中，每个参与者都是有限理性[二]的，所以市场随时潜伏着失败的危险。也就是说在市场当中，始终存在着参与者之间互不了解对方信息这种'信息的非对称性'现象。"(『閉塞経済』)

我不知道金子胜在庆应大学主要教授什么课程，但是信息的非对称性和有限理性完全就是两回事，再说"参与

[一] 官制不况是指，因政府决策者及立法机构的行为或有意不作为，而给某些行业或整个国家经济造成恶劣影响，即由政府决策者导致的经济萧条。——译者注

[二] 有限理性，由赫伯特·亚历山大·西蒙（Herbert Alexander Simon）提出，是基于生理学及心理学层面的思考，对传统经济学理论提出的修正。传统经济学一直以完全理性为前提，假设行为人可以得到所有资讯，因此可以在多种方案中，选择能使效用最大化的一种方案；但是在现实状况中，人们获得的资讯、知识与能力都是有限的，所能够考虑的方案也是有限的，未必能做出使得效用最大化的决策。——译者注

者之间互不了解对方信息"也和非对称性的问题毫不相干。非对称性指的是代理人和委托人在进行合作时，前者掌握的信息后者不知道。这时委托人可能会被代理人欺骗（如涉及因投保人的信用诚实等问题引起的道德风险）。最终结果就是逆向选择⊖。

如果这只是个别现象，倒没有什么大问题。可是整个社会如果都出现这种倾向就会有很严重的后果，就好比我们现在面临的金融危机。投资银行推出的金融产品，原则上来说内容应该是公开透明的，但是这些产品说明动辄就是好几百页，普通人根本就看不懂，自然也不会明白其中风险。一般而言，看到信用评级标注为AAA，大家就会比较放心地购买，但是这种信任一旦被破坏，就会导致大面积的逆向选择，从而使整个市场陷入信任危机，面临崩溃。

社会分工越来越细，信息的非对称性是每个人都无法回避的问题。没有必要一定要将其彻底消灭。要是委托人比

⊖ 逆向选择（adverse selection），是微观经济学、危机管理等领域的术语，指根据平均疾病风险设定的费率下，因平均疾病风险大于低风险，低风险者并不愿意投保，但此平均费率却会引来大批高风险者投保，从而使保险公司亏本退出市场。此问题主要是保险公司与消费者所拥有的信息不对称造成的，也就是保险公司无法区分谁是低风险者，谁是高风险者。——译者注

代理人掌握的信息还要丰富，干脆自己做就好了，也就没有委托的必要了。所以，把一部分信息交由代理人自主处理是有必要的，这样也可以提高他们的工作积极性。而委托人则可以通过设计报酬体制从某种程度上纠正引导代理人的行为。

资料来源：『MBA のためのミクロ経済学入門』。

| 第 8 章 |

闲散富裕族

一个社会若将平等置于自由之前,那么它什么也得不到。

——米尔顿·弗里德曼

NHK电视台打造的电视节目"穷忙族"曾一度成为社会热门话题。在穷忙族的背后,其实还有一群人,他们闲散而富裕。我在NHK时的一名同事,现在是地方电视局局长。每次聊天的时候他都会抱怨:"无聊得要死。"身为地方电视局局长没有编制权,于是在狮子俱乐部国际协会露露脸,或是在其他大会上致致辞就成了他的主要工作。"还有5年慢慢熬",目前他每年的收入近2000万日元。

就是这样一批人的存在,使得日本整体生产力下降,劳动力需求减小,年轻的劳动者在劳动力市场遭遇重重阻力。这批人有一定的社会地位并且拿着高薪,可是实质上在公司里却是失业人员。如果没有年功序列制度,也许他们还在一线干着自己的工作,可现在只能慢慢熬过自己的50

岁。当然，过错不在他们本身，富裕闲散族也是年功序列人事制度下的受害者。

内部失业人员

给所有人带来不幸的人事制度

我是在 39 岁的时候辞去 NHK 的工作的。那时我刚刚收到通知说要晋升为管理层。那是我进 NHK 的第 15 个年头，进入管理层意味着以后 20 年不能再做节目。电视台的工作和普通公司没有多大差别，不同在于媒体行业的蓝领很少，所以管理层没什么可以管理的对象。在一般企业若进入到管理层，越高升，薪酬或权力就越大。但是日本媒体行业不是这样，真正花钱的地方在现场，管理层负责的只是财务管理这类后援工作。

在欧洲，一般是把采访、制作和运营分开的，记者或者制片人可以干一辈子自己想干的事情，而运营什么的则交给专门的商业人才负责。比如说做新闻记者，有人会从地方报纸起步，然后可能换到全国大报或是转到电视台工作，但是没有人会中途转入管理层。

但在日本是按照工龄来进行分工合作的。年轻的记者写稿件，年纪较大的管理人员负责审核等工作。年轻记者没有时间储备足够多的知识去学会如何应对采访对象，只能靠着道听途说的知识现学现卖。一方面，每个岗位都没有固定的负责人，所以不论过多久都无法培养出真正的专家。媒体行业内部虽也设置了总监这样的专职，但根本就没有什么实权，所以一般空降部队都不会降到这里。另一方面，有的记者连财务报表都看不懂，却也晋升到管理部门成为管理人员。在这样的体系之下，无法培养出真正的管理人才。

总之就是这种日式的雇用体制既无助于鼓励人们积累专业知识，也无法培养出真正的专家。这个问题在白领较多的职场上也可以见到。或许商业公司在很多特定的领域可以培养出一些专业人才，但像银行等特殊行业，从业人员从员工到经理，要经历多个部门的历练，但他们在每一个部门轮岗后仍是两手空空，学不到任何专业知识。

政府部门的情况最糟。公务员除了自己所在部门或相关领域的人脉外，没有任何其他的专业知识。他们除了成为空降部队外别无选择，因为在劳动力市场上，他们根本就不具备一定的劳动能力。最近还有另外一个声音，那就是这些官僚本身其实也不喜欢当空降部队。我大学时代的一个同学就是空降到所在官厅的一个下属团体任闲职，他抱怨道:"我本意是想为大家做些事情,这才进的政府部门,可是我职业生涯的一半都待在私营企业,还受气。"这种年功序列的人事制度,不仅催生出大批度日艰辛的穷忙族,还导致人力资源被极大地浪费,使得一大批人无所事事,成为并不快乐的富裕闲散族。

年功序列的起源

有很多人认为年功序列制度是受儒家的"长幼有序"的影响。但是儒家的发源地中国却没有年功序列这一说法。中国以前实行的是科举制度。通过考试获得官职,有好多人寒窗苦读十多年才最终考取,所以如果仅靠年龄来决定人事安排,这在中国是无法想象的。好像在韩国也有年功序列制度,而且比日本还要严格,但同日本不一样的是,它是根据从业人员的年龄来排,而非进公司的时间长短。所以日本的年功序列制度应该也不是受它的影响。

年功序列制度起源的年代暂时还无法确定。但在日本历史上对武士晋升制度进行改革,不再论门第而是依个人功绩,则是德川吉宗制定的足高制度㊀。日本的武士家族没有

㊀ 足高制度,即废除根据俸禄高低定职务的惯例录用人才。将俸禄低的人录用到高位时,任职期间补发不足的部分。——译者注

中国那样的科举考试制度，由俸禄高低分成的阶级制度也并不严格，主要凭借的是在实践中积累的经验，工作能力高的武士就可以获得出人头地的机会。这时的俸禄制度就和原有的"石高"㊀不同，依据实际情况增加补贴，所以从形式上而言它不再靠"格"（大名的等级）来决定，不是等级主义，而是实质上的能力主义。

这离不开当时的历史背景，德川幕府统治下很长一段时间日本社会都处于和平状态。人民生活水平提高，而武家财政出现困难。这时对武士能力的要求也发生了变化。过去重视的是作战能力，后来更加注重武士的管理能力。也正是因为这个，到了江户时代后期，幕府各项实务的总负责权力，已经从名门望族的大名转到有较高实际业务能力的官僚手中了。

所以后来就出现了胜海舟这样的人，虽出身于下级武士，但最后成为陆军总裁，同明治政府就停战事宜进行交涉谈判。另外，美国人佩里来日后，负责日本对外事务同美国签订《日美修好通商条约》的勘定奉行、川路圣谟等。

㊀ 石高，即官定米谷收获量，日本近世根据丈量土地而制定出的稻谷标准产量。太阁（丰臣秀吉）丈量土地以后，成为年贡的征收标准，武士的俸禄也以此计算。——译者注

这些人连武家出身都算不上。他们花钱买来武士的身份后才成为武士阶级最下层的人。

幕府面临危机之际，门第不再有发言权，所以武家晋升的序列是以实际的行政能力为基础考量的。这也就渐渐形成了能力主义主导的官僚组织。但体制并非佩里来日后立刻就形成的，而是在18世纪后半期渐渐演变形成的。年功序列制究其本身而言，其实是区别于门第这一概念的，它意味着另一种晋升规则，即重视在某一职务上积累的经验。历史学者笠谷和比古曾做如下解释：

> 今天我们需要重新认识年功序列制。因为这种加薪晋级制度在诞生之初本是基于能力主义这一竞争原理的。从起源来看，德川吉宗的改革就是要打破之前身份秩序的禁锢，要引入一种新的体系，给下层人机会，让他们发挥自己的能力，凭借自己的工作业绩获得高职位，为他们开辟一条可以直通仕途的道路。
>
> （武士道と日本型能力主義）

这种重经验的"能力主义"还体现在江户时代的商户人家。近世商家实行的不是终身雇用，雇用的都是流动性较大的丁稚或小僧㊀。这些学徒在接触商业、贩卖上的事务后，10年左右便升为"平役"，再过两三年升为"上座"，然后根据从业年数晋升，一般到30岁前后升至"组头"。但是"组头"只是说正式参与商家经营的开始，今后就全凭个人能力了。大部分的奉公人㊁或离开商家自立门户，或回到农村重拾农具。真正留在商家做"番头"（管家）的人只占到其中一两成。

工人群体里在19世纪末则是实行"亲方制"（师傅—徒弟制度），里面涉及序列的问题。不过那是因为对于技工而言，要掌握一定的技能需要一定时期的积累。所以虽然看起来是依据年龄定序列，进行人事管理，但那并非有意为之。

日本政府部门在二战前也没有严格意义上的年功序列。大藏省的人大都是按照就任年次晋升，但其他政府部门更注重高等文官考试的成绩；军队的晋升体制确实是根据陆军大学等学校成绩和毕业年次来决定的，不过这一点在世界各地都一样。

㊀ 关西称丁稚，关东称小僧，均为伙计、学徒之意，一般进入商家的年纪在10岁左右。——译者注
㊁ 奉公人指长期住在主家，为主家服务的佣人，通过为商家尽心服务，获得自己的稳定生活。与此同时，商家则通过一定的方式对其进行培养、教育，使其更好地服务于商家。因此，主家和佣人之间会形成一种模拟的血缘关系，这种模拟的血缘关系是父子关系、主从关系的扩大和补充。——译者注

野村正实在《日式雇用》一书中写道：民间初次建立起严格意义上的年功序列是在"战时经济"（二战）的时候。那个时候，像三菱重工这样的企业1932年工厂工人是1万人左右，到了1942年是16万，1944年则暴增到36万人，进行人事管理审核时，不可能一个人一个人地这样去操作，于是就采取固定的以年次为基础的工资统一管理办法，废除之前的承包工资（师傅根据徒弟的劳动成果支付一定的工资），在全国实行起以年龄为基础的定额工资体系。

这种战时的体系在二战后被保存了下来。尤其在政府部门，除了外务省，所有其他政府单位都采取严格的年功序列晋升体系。而日本民间在20世纪50年代的时候，正是劳资纠纷相当激化的时候。针对劳动者提出的稳定工资的要求，最后实行的定期升职加薪的制度也与年功序列有着不可分割的关系。

"年功"这一词初次与工资制度连在一起是在1951年氏原正治和藤田若雄的一份调查里。这是一份针对京滨工业地带大工厂进行的调查，里面记载着工人分等级晋升的情况，比如三等工里面拥有3年以上现场经验的工人有机会晋升为二等工等。

这种依据年次进行人事管理的制度在民间并不是那么严

密，直至今日，也很少有中小企业采取这种年功制。但是在经济高速成长期，经济发展形势很好，社员的年龄结构上也呈现出金字塔形的特征，自然而然地建立起年功序列这一体制。

但是值得注意的是，年功序列这一体制在过去是合适的，因为那时的工人需要花费一定的时间去积累技能。而在机械化的今天，对熟练劳工的需求已大大减少。年功序列制之所以能维持到今天，很大程度上是因为在效果上，它起到了为公司挽留社员、减少人事流动的作用。

总而言之，年功序列并不是什么日本的传统，也不是受到儒家的影响，它的建立和中央集权的行政体系、金融体系一样，都是为了配合"战时经济"的"总动员体制"。二战后，政府机关和大企业仍然延续了这一体制。年功序列促成了雇用关系的长期稳定，却并非后者的必需条件。能力主义同样可以达到长期稳定的雇用效果。而且，现在在制造业等领域，年功序列制正在瓦解，公务员制度改革也是高喊要拿年功序列制开刀。可以说，年功序列制是日本雇用体制中最最薄弱的一环。

和江户时代的石高一样，现代的年功序列制下，晋升更多的是一种名义意义，同时期进入公司的社员职称、工资都是一样的。但是同样是课长㊀，公司总部战略部门的课长和地方分公司的课长权限还是很不一样的，所以在某种意义上年功序列制也能体现出能力的差别。但是现在的问题是，年功序列制已经严重阻碍年轻有为的从业人员成为企业的管理者，进而阻碍了企业管理的改革。最近已经有很多公司开始推行"成果主义"，在升职和加薪时对50岁左右的员工采取一定的限制。我也认为应该废除之前的岗位工资，转而采取重视业务结果的职务工资，消除对非正式员工的歧视，做到非正式员工和正式员工一样，同工同酬。

规制导致"官制失业"

厚生劳动省严厉取缔所谓的"伪装承包"，进一步强化对派遣劳动实行的种种规制。劳动者派遣法规定，日派遣工的合同期限不得少于30天，当时的厚生劳动省舛添大臣还表示"要禁止制造业的派遣劳工"。继派遣劳工行业规模最大的Goodwill公司倒闭之后，福尔卡斯（Fullcast）也决定退出日派遣工这块市场。这两大公司占据整个劳务派遣市场将近一半的市场份额，照这样发展下去，整个短期劳务派遣市场有可能就这样消失了。

㊀ 相当于部门主管或科长。——译者注

"剥削劳动者的企业真是没有良心"或"应该把非正式员工扶正为正式员工"这样一些主流要求很容易获取大众的同情。但是，运送、外卖这些工作量随时间显著变化的工作本身就对短期雇用有较大的需求。现在禁止了短期雇用，之前的劳动者就能够被长期雇用了吗？

民主党和社民党等党派一同向国会提出法案要求禁止制造业使用派遣工。也许他们的初衷是希望通过禁止劳务派遣促使企业把这些劳动者招为正式员工，但事情不可能按照这个逻辑发展，企业雇人又不是做慈善。在经济不景气的情况之下，政府说禁止使用派遣工，企业就会以规制为名裁去这46万多的派遣工人，继而转招合同工或是兼职。业界数据也显示，派遣劳工里面只有5%左右的人最后能成为正式员工。

派遣劳动者的工会——人才服务总工会也反对对派遣劳务实行强化规制。他们在"对劳动派遣制度的相关思考"里这样写道：

> 最近，谈到不平等社会时，很多人都提到派遣这种间接雇用形态是元凶。但是我们并不同意媒体、一部分劳动行业还有政府的看法。在他们看

来，派遣就等于穷忙族，派遣就等于"不尽心尽力工作"。

听听他们的观点，再看看厚生劳动省的相关调查结果，你就会发现大家之前那种观点的确失之偏颇。说起间接的雇用形态，总是离不开"不稳定""好可怜""辛苦""剥削"这类字眼。殊不知正是大家的这种观念在伤害着派遣工人的信心和自尊。在这个自由选择职业的年代，无论直接雇用还是间接雇用，本质上都是劳动，理应受到同等对待。

雇用规制过多还打破了工作生活的平衡。日本人老加班不是因为有多勤劳，而是因为雇用规制过多。业务繁忙的时候公司也不敢增加雇用，因为一旦增加雇用今后也不能解雇，所以只有让正式员工加班来完成业务。如图8-1所示，20世纪90年代之后，日本的平均工资（基本工资）基本上没什么变化，但是加班费（上班时间之外的补贴）却出现了大幅度的减少，后来随着经济形势的好转，加班费才又开始上升。

《建筑基准法》《个人资料保护法》《金钱借贷业改正法》等政府都是行使公共权力却给特定行业或是国家整体经济

带来恶劣影响的例子，后来这一情况统一被人们称为"官制低迷"。现在修改《劳动者派遣法》，禁止日派遣工，估计又会出现大量的"官制失业"现象。

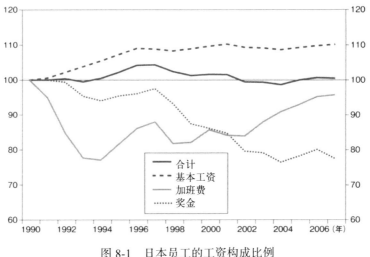

图 8-1　日本员工的工资构成比例

资料来源：OECD。

强化规制只会让穷忙族变成不忙的穷人。这些非正式员工一旦失业，整个社会的失业率就会上升。工资本是由市场决定的，但规制强化后硬性拉高工资会带来劳动力市场需求的减少，供给相应增多，随之出现失业现象。这是大学一年级的学生都明白的供求关系。

但是厚生劳动省颁布的政策只有对派遣的规制，丝毫没有提及针对失业人员的救济措施。派遣员工被排除在劳动力市场之外，他们的求助也得不到回应。当然，有固定工作的员工会因为雇用关系进一步得到保障而高兴。所以说，厚生劳动省不是在保障全体劳动者的利益，他们不过是牺牲非正式员工的利益来保障正式员工的既得利益罢了。

工薪阶层热爱公司吗

拥护日式雇用体系的一群人常常会强调"终身雇用是劳动热情的源泉"，这群人一直认为日本的工薪阶层是怀揣着对公司的热爱之情才加班加点干到那么晚的，但事实证明这不过是一厢情愿的想法。美国的研究人员针对日美两国的企业员工进行了调查，结果显示如下：

- 为了公司更好的明天，我愿意更努力地工作：日 54.3%、美 74.3%；
- 我的价值观和公司的价值观一致：日 19.3%、美 41.5%；
- 以我现在对公司的了解，如果还有机会重新选择，我仍会选择这家公司：日 23.3%、美 69.1%。

从上面这些数据我们可以看到日本的工薪阶层对自己的公司的热爱远不如欧美人，其中很多人都后悔自己当初的选择，也就是说正式员工也过得不开心。造成这些现象的原因之一就是辞去自己不喜欢的工作换份新工作的难度太大。其实早在 30 多年前,英国社会学家罗纳德·多尔就通过比较日英经营模式发现了这一事实:在日本,工薪阶层看起来好像对公司尽心尽力,但那不过是为了在公司出人头地的表面工作罢了。他们的真心话都留在了下班后的小酒屋里。

长期雇用有助于解决劳动者的道德风险问题。因为经营者和劳动者之间存在着信息的不对称性(参考第 7 章章末的专栏),有可能会出现劳动者欺瞒经营者的情况。但是,如果采取长期雇用,劳动者年轻时候的劳动就是在不断地往公司存钱,如果存的钱还没来得及取出来就离开公司,对劳动者而言无疑是一种损失:中途离开公司,意味着失去养老金和退休金。所以劳动者会希望在公司出人头地,直至退休。

再比如说,员工如果侵吞公司财产,可能一时赚取了一笔钱财,但东窗事发后一定会被解雇。因为这类原因被解雇,几乎不可能再被其他公司看中,这就意味着一下子失去了后半辈子数千万日元的收入。在劳动力市场不够健全的情况下,通过设置"退出障碍"、加大换工作的难度,可以有效地解决劳动者的道德风险问题。

还有一个问题，普通员工如果发现上司想做的某个项目有问题时，假如选择跟上司据理力争到底，或许会在公司内部留下坏印象，比如说觉得这个人不好用或是喜欢和上司顶嘴等。所以在开会时，随大采取逃避策略等处世良方就成了工薪阶层的生存之道。

这种种的现实造成工薪阶层在长达40年的工作生涯中，经过权衡长期利益得失后，不会在工作中偷懒或是背叛公司，但是要他们站出来批评上司或是反对公司的某项方针也是难上加难。在日本，员工们随时都能感受到要同集体保持一致这种压力，这也是日本工薪阶层压力大的原因之一。

另外，日本公司中人与人之间的竞争较少，这也是一个不符合实际的神话。工资的确是按照年功序列统一的，但是由于职务可以有很多种，所以不同职位的工资差别是相当大的。审核差距即对员工进行审核后得出的结果显示，日本员工彼此间的差距也比美国更为明显。就NHK而言，同期进来的东京报道局局长和北海道当地的局长，同为局长，工资是差不多的，可是在公司内部的权限有着极大的差别。前者是理事级别（相当于一般企业的董事），是很多空降部队争先恐后想要的位置；而后者，则无人问津。

因此,日本工薪阶层的竞争不是围绕着工资展开的,而是为了争夺"主流职位"。为了能够出人头地,这种竞争相当激烈,尤其是到了一定的年龄段,表现更为明显。因为要么升职,要么降职,结果一旦揭晓,降职就会成为人人皆知的事情,从这个角度而言,这种竞争比单纯的工资竞争还要残酷。若从主流职位迁到支流,那就是被弃用的信号,下次若有人事调动,将会处于不利的地位……这样的恶性循环将会不断上演。直到40岁,干部后备军和其他员工之间的胜负才算最终定局。

所以,日本的工薪阶层也是充满着竞争的。但这种竞争并不能为企业提高生产力,这种竞争属于公司内部人际政治之间的竞争,对生产毫无贡献。而且由于在实际考察时,考察人员更多地去看雇员哪里做得不好,一旦查出就要扣分,所以容易出现钻空子、善于讨好、左右逢源的"人精",这类人却无法对公司的发展做出有力的判断。所以说日本的工薪阶层是受僵直不化的劳动力市场的束缚,被困在了公司的牢笼,他们的留守绝非出自对公司的热爱。

蚂蚁的出路

向公司存钱

年轻的时候做学徒,为公司效力;等到年纪大了就成为悠闲的管理层可以享受回报。这种丁稚奉公型的职业生涯路径是典型的日本模式。图 8-2 表示的就是这种体系:年轻的时候为公司效力,相当于存钱(S),年纪大了之后就可以取回存款(P)。这种工资体系,世界各地都存在,或许各国在程度上有所不同,但不能说体系本身有什么不合理的地方。

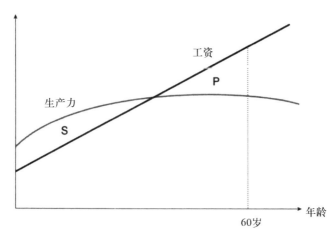

图 8-2 工资和生产力

在劳动力市场完全竞争开放的情况下，参加、退出都是个人的自由。公司培养出一批新人，如果他们最终离职，这些知识（人力资源）会成为其他公司的财产，对公司而言是一笔损失。所以公司一般都不会传授新人知识，而是让他们干干杂活，如到地方分公司工作5年，干干复印文件或是上门营销这类工作。这种训练并不能真正提升新人的人力资本价值，但可以打消新人另觅他职的想法。

结束了学徒阶段，新人荣归到总部工作时他们会觉得"5年都这么辛苦过来了，接下来5年要好好在总部干，要把那些赚回来"，但是他们在公司学到的经验只局限于公司内部，并非能在劳动力市场谋生的技能，所以他们的余生只能依附在公司这棵大树上。

日本公司的这套学徒制度讲究的是在教给学徒一些技能之前先让学徒为公司效力，然后学徒为了拿回自己的报酬就只能待在公司。这种做法达到了长期雇用的目的，也可以说正是它带来了日本经济的高速成长。

这就是《伊索寓言》里面讲的那则关于蚂蚁的故事："夏天工作，冬天享福。"只是最近，蚂蚁不再受人尊敬了。前阵子社会上讨论公务员的问题，是因为霞关的公务员打的回家，受到出租车啤酒招待㊀的事件被炒得沸沸扬扬。我知道公务员加班加点的辛苦，所以并不愿过多指责他们。

日本的政府部门分为两派，一派是升职有望的少数干部后备人员（晋升组），还有一派则是占绝大多数的普通公务员。普通公务员是5点准时下班，没有加班任务。而晋升组每个月实际加班工作时间长达200小时，却只能得到几十个小时的加班费补贴。工会认为他们是特权阶层，并不对他们采取保护政策。

那他们为什么还愿意忍受这么长时间的加班呢？因为只有这样才能保证今后生活无忧，他们可以升职，退休后还可以空降到其他团体或私人公司，政府将会为他们的生活负责。这些都是约定好的。但是公务员制度改革后，公务员退休后不能再到其他团体或是私人公司任职了。这样一来，过了50岁他们也不能转职，为了不成为"窗边族"，只有趁着30来岁就找好下家，做好换工作的准备。

这和民间企业是一样的，年轻的时候牺牲时间提供义务加班，升到管理层之后就可以干干清闲的活儿，打打高尔夫球、参加宴会等，最后则是坐吃享受高额的退休金或是

㊀ 出租车啤酒招待事件：日本政府官员经常加班工作到深夜，所以政府规定加班到深夜的公务员可以公费打车。出租车司机为固定客源以送啤酒、送小额现金等方式招揽生意。——译者注

做空降。这就是日式的年功序列制度的特色。整体经济发展时，终身雇用得到保障，并且允许公务员插入民企，这种学徒体系还是可行的。可当这些前提都不复存在时，之前一直辛辛苦苦工作的蚂蚁有可能拿不回自己的劳动成果了。

在信息处理推进机构（IPA）学生—经营者双边讨论会上，IPA理事长西垣浩司（原为NEC社长）说道："进入公司的头10年需要你们拼了命地去工作，后10年需要你们扎扎实实地去学习。"主持人问学生："有愿意10年拼了命去工作的人吗？"结果没有一个学生举手。

这里我们可以看到经营者和学生在观念上的区别。企业的"20年人事计划"是建立在终身雇用这一前提之下的，学生们则认为"丁稚奉公那老一套还是免了吧"。现在谁还能保证为公司服务20年后不会被公司抛弃？就是西垣浩司自己，在NEC时代也进行过人员调整，涉及人数达到1.5万人。企业自身如果无法保证生存，又如何谈雇用的稳定？现今行业的发展瞬息万变，那种毕业后进入公司一直干到退休的传统体系已经不太可能延续下去了。

政府部门也是如此。过去政府部门权力很大，有很多默认的权限。就算政府部门没有强行塞人进民企，民企方面也是很乐意接收空降部队的。但是现在政府官员的权力已经大幅受限。空降部队之所以招致批评，也是因为民企不再需要他们。而且邮政公社和社会保险厅已经开始走民营化道路。政府部门的整体趋势也是需要进一步进行人员整理。

也就是说，蚂蚁在夏天加班加点地干活，不停地为组织奉献着，可是现在已经没人可以保证它在冬天可以获得相应的回报了。过去人们热衷奉献，不停地向企业"储蓄"是因为他们相信三四十年之后公司还在，并且运营很好。但是现在这种投资变得风险重重，人们很有可能拿不回储蓄金。既然这样，对于年轻人而言，趁着能够劳动的时候，多劳多得，找一个换工作自由的外企会更为有利。资料显示，过去东京大学的学生们期待就职单位排行第一的是政府机关，现在已经换成了外资企业。

无所事事的老人

当日本还是一个发展中国家的时候，市场不断扩大，这种基于年功序列建立起来的工资体系是合理的。当时劳动力等成本较低，具有一定的竞争优势，出口带动整个经济体不断发展壮大，并且在此体系下培养出的员工是多面手，能胜任各个岗位，实现了公司内部人员从衰退部门向发展部门的流动，从而使得日本企业能够灵活应对市场需求的变化。而在欧美，工会是以职业分工为基础组建起来的，所以无法像日本那样灵活应对，这是日本劳资关系的优势所在。

但是随着工资的升高，低成本优势不复存在，经济发展变缓后，通过调换工作岗位来保证雇用的做法已经行不通了。尤其是制造业，在与亚洲各国的竞争中，日本处于规模缩小的状态，无法避免面临着削减劳动成本的问题。这时企业的新对策就不再遵循之前的协约，将传统的工资曲线图标准化，不再返还储蓄金——也就是所谓的"成果主义"，这不过是换了种委婉的说法罢了。

闲散富裕族和空降的公务员将储蓄金消耗殆尽，如果不尽快改变社会全体的职业路径，任由其发展的话，年轻的员工将不再愿意将钱交给国家储蓄，他们会选择去效率更好的公司，年轻的公务员也会选择脱离体制。这样一来整个国家就没有储蓄金了，然后就会一直陷入恶性循环。从20世纪90年代起，终身雇用、年功序列体制就朝着不可逆转的方向开始瓦解。

僵化的人事制度之下，日本大部分的工薪阶层到了一定年纪就什么也做不成了。除了成为董事的一部分人处于忙碌状态，其余人一过了50岁，就成为闲人一个。而有些人进入管理层后要处理很多地方工作，所以出现了很多单身赴职的例子，这种生活形态在世界上也是不多见的。大部分企业的退休年龄是定在 60 岁。能够空降去相关的民企任职的一般都是董事以上的级别，所以一般的退休人员都只有待在家里做"粗大垃圾"㊀。

现在在世界上很多国家，如美国，已经停止使用年龄线划分的退休制度，但是日本还在延续这种方式。在年功序列工资体系下，劳动者年轻的时候往公司存钱，年老后再收回储蓄金，如图 8-2 所示，储蓄金（S）和返还的金额（P）达到一致时，就是退休的时间，而这个时间定在 60 岁。这时年功序列工资体系和退休制度是密不可分的。

但是 60 岁的人，其实还有很多事情可以做。现在人类的平均寿命达到 80 岁了，60 岁退休意味着剩下的 20 年都将无所事事地度过，这对个人而言是一件不幸的事情。对劳动人口锐减的日本来说则是极大的损失。要废除退休制度，就要废除年功序列工资体系，按照劳动来定工资，能力不行的劳动者，不论老少或降工资或解雇。让老年人更多地发挥余热，这是应对少子化社会以及转变僵化的雇用规制的重要课题。

㊀ 粗大垃圾：日本实行严格的垃圾分类制度，粗大垃圾是指大型垃圾如家具、家电等。处理粗大垃圾需要自己掏钱。在这里是指退休的老头。——译者注

••••••••••••••••••••• 延伸阅读 •••••••••••••••••••••

主从性原则

IT行业曾经一度流行着"收益递增"的说法。比如说，使用微软视窗的用户增加后，以微软为平台的应用软件也会增多，接着微软的用户会继续增加，这是一种正循环。这和古典意义上的规模收益递增是不一样的，这里说的是某一人的行动收益依赖于他人行动这一现象，我们将其称为主从性原则。

如果用收益函数（由某种行动带来收益）来表示这个原则，则如图8-3所示。如果现在正处于局部最优，团队齐心协力就能达成整体最优，可是一旦人们行动的初期值低于x时，维持现状变成了最合理的行动（即纳什均衡⊖）。

⊖ 纳什均衡，是博弈论的一个重要概念，以约翰·纳什命名。

如果某种情况下无任一参与者可以依靠独自行动来增加收益，则此策略组合被称为纳什均衡点。

其最经典的例子就是囚徒困境，囚徒困境是一个非零和博弈。大意是：一个案子的两个嫌疑犯被分开审讯，警官分别告诉两个囚犯：如果你招供，而对方不招供，则你将被立即释放，而对方将被判刑十年；如果两人均招供，将均被判刑两年；如果两人均不招供，将最有利，只被判刑半年。于是，两人同时陷入招供还是不招供的两难处境。但两人无法沟通，于是从各自的利益角度出发，都依据各自的理性选择了招供，这种情况就称为纳氏均衡点。这时，个体的理性利益选择是与整体的理性利益选择不一致的。基于经济学中理性经济人的前提假设，两个因犯符合自己利益的选择是坦白招供，原本对双方都有利的策略不招供从而均被判刑半年就不会出现。事实上，这样两人都选择坦白的策略以及因此被判两年的结局被称作"纳什均衡"（也叫非合作均衡），换言之，在此情况下，无任一参与者可以"独自行动"（即单方面改变决定）而增加收益。

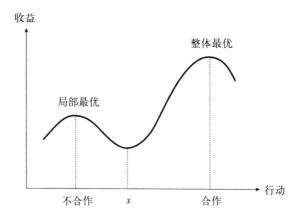

图 8-3　主从性原则

当参与者无法通过"独自行动"(即单方面改变决定)而增加收益时,人们不可能选择离开局部最优的局面。

比如说,其他人都用微软的时候,就算苹果电脑的性能再好,你也不会一个人选择它。因为这样会带来很多不便。劳动力市场也是如此。经济不景气、就业机会少、跳槽困难,劳动者自然会希望紧紧抓住自己的饭碗。所以市场上求职的人数减少,企业便会进一步减少招人,这样就陷入了一种负循环。

现在日本经济所处的状况也可以用局部最优这个理论进行说明。据生产力总部的调查显示,2009 年公司新进员工中"想一直在这家公司干到老"的比例为 55.2%,为史上最高;

提及跳槽时，有 **34.6%** 的人选择了"保住现有的工作最重要"，这一数字也是历史最高；而选择"比起在公司里做出成绩，我更愿意自己独自创业"这一回答的人只有 **14.1%**，为历史最低。

这里有两对均衡关系，一个是劳动者想找企业，企业想招劳动者；另一个是劳动者不找企业，企业也不招劳动者。前者显然是大家都希望出现的情景，但是只要大环境，即其他劳动者或是企业采取保守行动，个人是绝不会迈出第一步主动求职的。所以，经济不景气的时候，全体成员都会陷入这种恶性均衡之中。

所以说，我们经常听到的"劳动者不喜欢流动性的市场""经济不景气时自主创业的人会减少"这些话，从客观事实看，确实如此。但这并不意味着这种现象是大家期望看到的。而政府的基本职责就在于修正协调其中的偏差，扭转局部最优的局势，使其达到整体最优。现在美国的问题就是金融体系中存在大量的不协调，而日本则是劳动力市场的长期不协调。

资料来源：ポール・ミルグロム＆ジョン・ロバーツ『組織の経済学』。

| 第 9 章 |

终身雇用的神话

> 奴隶在牢笼中失去了一切,连逃跑的欲望也没有了。
>
> ——卢梭

谈及派遣员工这个问题的时候，人们总是习惯性地从"资本家剥削劳动者"这一类固定思维出发，但这种思维已经与日本现实脱节了。现在经济危机，全球都不景气，但在世界主要国家中日本受害最大就是因为日本除了出口产业之外几乎没有其他盈利较大的产业，非制造业在内的很多企业也都是靠着和出口产业沾边赚取一些蝇头小利。

显然，靠人口比例不到1%的出口产业养活其他所有产业的这种状况已经无法维系下去了。一直以来，日本国内产业发展缓慢，需求缺口一直是由外需填补的。所以将收益分配给劳动者后就会出现一系列问题：利润率下降，投资减少，经济增长放缓，失业率增高。

如果继续沿袭19世纪的做法仍在劳资对立的框架内考

虑这些问题，即利害抵消后由双方平分，这样是求不出答案的。这种零和游戏已经失效，唯有通过有效的劳动力再分配，提升GDP，让双方都获利才能从根本上解决这些问题。

所以现在需要的是挣脱意识形态的束缚，将雇用体制放到企业体系中加以考量。粗略说来，终身雇用这种体制走向崩溃，非正式员工队伍的不断壮大都是因为二战后的"日式经营"机制的失效。在这里，我们一起简单回顾下这段历史。另外需要说明的是，本章里有部分内容节选自拙著《信息通信革命和日本企业》。

终身雇用是日本的传统吗

神话的终身雇用

众所周知，佳能的御手洗会长是终身雇用制的坚定拥护者。所以在得知佳能也辞退合同工时大家都感到奇怪，但在御手洗会长看来，这一点都不矛盾。他说：

"佳能实行的是终身雇用制，这种制度来源于日本的文化和传统，是调动日本人积极性的最佳体制……佳能采用的是自己独有的单元生产模式，可减少 2.2 万人员的需求,但是由于产量增加,又需要增加约一半的人手,所以实际上减少的人员约为 1 万人。可是这部分并不属于辞退,只是返还外部人员而已。"

(朝日新聞取材班『偽装請負』)

佳能一方面高歌终身雇用制度,另一方面却将派遣工及合同工裁掉,这是因为他们没有把"外部人员"计算在内。所以在世界上风靡一时的日式经营模式,其实是以派遣工和合同工必须接受不公正待遇这一事实为基础建立起来的。

那么另一个问题是,终身雇用制度真是日本的传统吗?从表 9-1 可以看到过去日本工人工作年数的相关情况。统计显示,1918 年 76.6% 的工场工人工作年限不满 3 年,达到 10 年以上的长期工人只有 3.7%。在近代资本主义初期,日本引进的是英国的制度,深受行业工会的影响。当时流行的是"内部承包制",即包工头和劳工签订合同,带领劳工在各个工场工作。包工头本身也是被雇用者,但和资本家就承包价格达成一致并签订合同之后,就负责管理工场和劳工。劳工们在包工头手下工作,靠自己工作量获取报酬。

一战之前,造船业等重工业大多采用这种由包工头来管理劳工的间接管理体制。包工头权力很大,从人事到发放工资全部由他掌控。工场主并不对工场进行直接管理。

投标时出价最低的包工头将获得承包工作。大部分劳工受雇工作,工资由工作量决定。这类自由劳工在各个工场之间辗转不定。因为工业化初期日本对熟练劳工的需求量很大,劳工们为了获取高工资便奔波在各地工场之间。就像第7章陈述的那样,终身雇用这个词在1950年才开始使用,所以御洗手会长所认为的"终身雇用制度扎根于日本的文化和传统"的观点根本站不住脚。

表9-1 日本劳工工作年数统计　　　　　　（单位：%）

工龄	1900年	1918年	1924年	1933年	1939年	1957年	1970年
6个月以下	20.1	24.6	9.2	9.3	15.2	7.6	6.3
6个月~1年	24.0	19.4	9.5	9.8	16.2	14.4	
1~3年	33.8	32.6	25.6	19.8	37.0	24.1	13.7
3~5年	12.3	11.7	17.2	14.4	12.6	17.1	8.3
5~10年	9.8	8.0	22.2	22.8	9.7	21.1	23.5
10年以上		3.7	16.2	23.8	9.3	15.8	31.1

经营家族主义

一战之后,全世界都不再采用内部承包制度了。原因之一在于,从19世纪末到20世纪初,技术环境发生了很大的变化。之前像枪这类小型火药武器的手工业，每一个劳工都承担一个工序，所以算工钱时按照每人完成工作量计算就好。但是机械化发展使得每道工序越来越复杂且工序之间的依赖性越来越强。在这种情况之下，之前的分工体制就不适合生产的统一管理了。

紧接着劳资纠纷接连不断。涨工资后，资本家就得裁减承包人，所以在劳工要求涨工资和资本家要求降低成本的夹缝中间生存的承包人也逐渐消失了踪影。这时便出现了长期雇用工人的垂直统合型的企业体系。随着20世纪大批量生产方式的普及，之前在各个工场里工作的劳工就被换到了工作车间，成了经营者直接管理的单纯劳动者了。

19世纪到21世纪初，在美国由多家公司合并形成垂直统合型的大企业成为主流，如通用电气（1892年）、美国钢铁公司（1901年）、通用汽车（1908年）、CTR(IMB的前身，1911年）等。日本经营者的角色也开始从内部承包制中的间接管理转向现在的直接管理。但日本同美国走的是不同的道路，美国为垂直统合型，而日本为经营家族主义。

当时各地的造船厂纷纷开始设置互助组织或民生援助等组织。工人之间的捐助扶持、医疗费用的补助发放之类组织也开始设立运作。可见当时为吸引留住熟练工人，企业不仅通过工资这一单独途径，而且完善了工资以外的报酬和其他福利待遇制度。

这种想法在一战之后迅速普及到整个工业领域。1921年，钟渊纺织的社长武藤山治修改公司章程，明文规定公司内部的晋升制度并进行了一系列的改革。这次改革被认为是日本经营者资本主义模式的原型，其倡导的"家族主义"强调的正是经营者的温情及工人对自身"利己行为"的抑制。

并且武藤还将之前称呼工人的"使用人（受雇的劳动者）"一词换成了"社员"，而公司的所有者即之前的社员（投资人）换为"股东"。现在日本的商法都还是将公司的所有者称为"社员"，所以这一变动可以说是否定资本主义的重大性变革，其他企业纷纷效仿，因为工人并没有因此成为实质上的股东，只是在名称上日本企业成为了"工人管理企业"。

武藤这一改革是有其自身背景的。一方面，当时一战带来经济的发展，企业规模不断壮大；而另一方面，外部劳动力市场发展尚不成熟，劳动力吃紧，甚至出现挖女工的情况。越来越多的工人为追求高待遇在各个工厂之间辗转不定。武藤的这种"劳资一体"的观点其实就是在劳动力不足的情况下挽留熟练工的一种经营策略。正如他自己在回忆录里写到的那样:"绝不是出于人道或是其他什么动机,一切只是从算盘出发。"

从劳资对立到劳资协调

日式劳资关系的原型在战前就已经建立起来,但那时并不是终身雇用。而且,如表9-2所示,就算是在现在,雇用年数超过30年,称得上是终身雇用的也仅限于员工超过1000名的大企业单位,且均为男性,而这群人在劳动总人口中的比例只有8.8%。所以,所谓终身雇用,根本就不能算是日本历史的传统。在当今社会中也不过是仅限于公务

表9-2 不同企业的工作年数 (单位:年)

年龄	性别	产业	大企业 1 000人以上	中企业 100~999人	小企业 10~99人
50~54岁	总体	所有产业	25.8	18.6	14.8
	男	所有产业	28.5	22.1	16.5
		制造业	30.2	24.3	17.0
		服务业	23.0	16.1	15.7
	女	所有产业	20.8	14.4	12.7
		制造业	20.6	15.0	12.8
		服务业	11.6	9.5	11.8

资料来源:厚生劳働省『賃金構造基本統計調查』2006年。

员或是大企业的高级白领的一种带有特权性质的雇用形态。这种雇用形态之所以变得很"日式",感觉好像是日本最主要的雇用形态,全是因为这部分人对自己的特权毫不自觉。

二战结束后,当时日本劳资关系的一大特点是劳资双方围绕着生产管理展开了激烈的斗争。当时的劳动者追求"生产的社会性管理",要求参与企业的经营管理,做企业的主人。20世纪40年代的读卖争议、东芝争议等都是以经营者做出让步而告终。但是随着美国占领政策的转变,50年代占领方针转换为"总资本"压制"总劳动",1960年三井三池争议(即劳资对立斗争的顶点)中劳动者的失败宣告了劳资关系对立走到了终点。

那时候斗争、争议的主要焦点是反对解雇。那么也就是说直到20世纪50年代,解雇都还是相当自由的。如表9-1所示,1957年连续工作10年以上的劳动者的比率为15.8%,这个数字和战前相比几乎没有什么变化。但是,在二战后初期的劳资斗争中逐渐积累起经验的经营者开始意识到解雇容易引起劳资纷争,因此,他们转变方针,建立劳动组织,协调劳资关系,削弱要进行斗争的组织的势力。如全国中央组织也就是总评(日本劳动组合总评议会),后来还有方针偏右的同盟(民社党等),到此劳资协调的路线得以确定,并建立起长期雇用(也就是后来所说的终身雇用)的体制。

在经济高速成长期,为应对不断发展壮大的经济,雇用体制相应发生了一些变化,建立起岗位调换的机制。后来20世纪70年代爆发的石油危机,则让整个雇用体制发生转变。在此之前,经营方是希望和工会在劳动者要求涨工资一事上达成一致,但危机爆发后,为应对严重的通货膨胀,经营方和工会协调的焦点变成了维持雇用关系,形成了调职、迁籍等调整体系。也就是在那个时候,法院第一次下判决认为"如果没有经过这种调职或迁籍的努力,整理解雇无效"。

在这样的背景下为解决过剩雇用问题而建立起来的组织被看作"日式经营"优势的源泉。欧美等国家的职能集团和工会属于纵向关系,产品销售不好时,由于不能将劳动者调到其他部门令其继续工作,劳资纷争长期得不到解决。而日本则是建立起一套规范,那就是企业不解雇劳动者,但劳动者不能拒绝职位调动。日本的企业在业务上更重视协调,所以就业务内容不会发出硬性命令。但是在人事变动上则是坚持秘密主义,人事命令一旦下达就不会再变更。

可是20世纪90年代后,经济长期不景气,雇用过剩的状态越发严重，最后发展到无法在内部得到解决。这时非正式员工就成了调节的工具。有人认为"派遣劳动的规制缓和是产生格差的原因"，这种观点是倒果为因，派遣劳动者在非正式员工中比例仅为8%，其余大部分都是合同工。且派遣劳动者增多是90年代前半期就开始出现的现象，这和规制缓和没有关系。

也就是说雇用机制随着市场的变化不断地在进行调整，20世纪50年代是解雇，60年代是岗位调换，70年代是调职，到了90年代就是非正式员工。调职之前的做法都还是属于日式雇用体制的内部调整，90年代之后这种调整机制逐渐失效，无法有效应对需求的变化。这也是日本经济长期处于停滞状态，直至今日还止步不前的原因之一。

而造成这种劳动供需长期不协调的原因是过时的雇用规制和司法判断。《劳动基准法》第6条规定"排除中间榨取"，即"人和人，除法律允许情况之外，不得从事通过他人劳动为自己牟利的职业"。这条规定有敌视职业中介和劳务派遣业的色彩，将其视作"中间榨取"的行业。这是因为二战前有很多劳务中介剥扣劳动者的工资，阻碍了劳动力的自由流动。在劳动力市场不成熟的阶段，确实存在这样违法的榨取行为。但是现在社会最大的问题不在于工资分配，而在于正式员工和非正式员工之间形成的不可逾越的身份上的不平等,且正式员工在公司内部处于失业状态,造成人力资源的极大浪费。之前好不容易建立起来的各种调整缓冲机制到了20世纪80年代渐渐不起作用,所以当务之急是要向劳动者提供多样雇用形态。如果还局限于之前的老观念,还坚持认为劳资之间最大的争论焦点是雇用关系的维持,就不可能真正解决问题。因为我们现在面临的是企业体系整体的问题。

日式网络的局限

无中心的企业体系

不同于典型的股东资本主义,日本的企业和农村共同体紧密相连,人们称其为"家族式经营",并一直认为这是日式经营的一大优点,在世界范围内得到认可。这种经营方式的出现是因为二战后劳资纷争不断,经营者就利用家族关系的模式来团结劳资双方、管理劳动者。当然,这种管理模式能够成功也是因为日本劳动者本身也适应这种带有农村色彩的管理方式,他们把公司看作新的生活共同体。

早在日本封建社会的时期，封建领主的支配力就很弱，倒是农村惣领制⊖很发达。这种生产和军事共同体，有着极强的自律性。这也是日本生活共同体的一大特征。不同于朝鲜和中国，日本被海包围着，与大陆隔绝，长期处于较为和平安定的状态，无须面对外来民族的频繁侵略和袭击。所以作为中央集权的国家力量较弱，各成员之间自发协调形成稳定的社会秩序，正是日本社会繁荣发展的基础。

到了江户时代，市场经济虽然渗透到农村，但是领主并没有介入到农村经济之中，农产品的流通仍是自由的。生产增加带来农民收入的提高，刺激了农民的生产积极性。经济活动的单位是自治村的下级单位——家，但它并不是血缘共同体，而是一种被称为"一族郎党"⊜的集团组织。

这种中间组织有着很强的自律性，相比之下，当时国家的统合力就显得非常弱。尤其是日本在历史上没有发生过被外族侵略的事情，所以当时日本几乎没有对外的军事力量。后来倡导近代化的明治维新补充了这一点，通过天皇制将零散的农村结合起来，将日本打造成近代国家。这在

⊖ 日本镰仓时代，武士的同族结合体。惣领为一族之长，统率全族、家臣耕种、作战和纳贡。——译者注

⊜ "一族"指有血缘或亲属关系的人，"郎党"指家臣、部下等，"一族郎党"为一个整体，构成一个社会集团。这种集团与集团之间接触很少，但集团内部成员联系密切。——译者注

一定程度上获得了成功，日本是西欧社会之外最早实现近代化的国家。后来这种构造一直持续到二战后，在这种体制之下，国家统合起各个较为封闭的共同体，政治家和官僚则负责调节各个利益集团的关系。

这种无中心的松散的网络结构也存在于企业之中。日本大企业的董事会可以说是各个部门利益代表的集合处，社长就是总代表。各个部门之间，还有部门与承包单位之间的往来没有一定的模式，全部遵循自律原则，也没有可以下达总命令的中央指挥者。这种构造正好迎合了知识集约型的制造业的需要。因为制造业工程项目复杂，且内部依存度高。所以我们看到日本在汽车、电机、精密机械等方面的优势极为突出。

这种农村构造也有助于防止劳动者流失、防范道德风险问题。一般企业招人都是选择那些刚刚从学校毕业的人，很少会中途招人，所以对劳动者而言，换工作的风险过大。此外工会设在企业内部，等于切断了劳动者同其他企业的横向联系，劳动者只能选择对企业尽忠。纲野善彦指出，这种以农村为模型构建社会或组织的"农本主义"思想自明治以后一直在日本处于主流地位。

在经济高速成长期，这样的组织能够让社员团结起来、齐心协力，有助于提高工程内部的磨合度，确保精度，提高工作效率。但是现在信息产业蓬勃发展，主要技术变成了半导体和软件包等。它们的特点是模数化、标准化还有中间产品全球化。

在现在这种水平分工的产业结构下，各组件之间的接口也都采取标准化生产，不再像过去那样要求各零细部件之间的磨合，所以日本企业的优势也开始减弱了。尤其是发展前景巨大的新兴发展中国家引入的工业制品几乎全部都是组装型的，现在汽车的引擎都可以采取外包生产。

正式员工与非正式员工等社会差距的扩大是 20 世纪 90 年代之后全球经济发展的结果，更是中国进口增加带来的价格压力的结果。但是这两股潮流都不是强化规制就能抵挡的。现在我们面临的问题是之前的体系倒塌了，而且社会之间横向联系过弱，没有可以接纳失业者的缓冲组织。失业者一旦从"滑梯社会"跌倒后就会迅速下坠，直至无家可归。

二战后，日本经济发展很快，但城市里面也存在着贫民窟和收入差距过大的问题。那时农村生活共同体已经遭到破坏，接纳这批进城务工人员的就换成了公司这一组织。公司替代了之前的农村生活体发挥着将人与人联系起来的机能。但是在产业结构急剧变化的今天,已经不可能再靠农本主义来维持雇用关系了。社会亟待建立一个独立于企业之外的社会性的安全保护装置。

现在日本的失业保险还有生活保障都不完善,社会的安全保护装置还存在很多问题。最重要的问题不是收入的分配问题,而是要尽可能地提供多个选择,鼓励人们换工作。但是日本的劳动行政部门对"换工作"抱有一种偏见,对职业介绍所还有劳务派遣业加以种种限制,严禁"中间榨取"。现在到了废除这些规制的时候,要建立新的市场进入制度,促成劳务市场的流动。

此外还要把企业从福利体系中剥离,向退休金还有公司住房制度征税,建立个人退休金账户制度(即换工作之后可以继续缴纳退休金)。因为按照现在退休金制度的规定,中途一旦退出公司,退休金和买断金都没有了。这笔损失高达数千万日元,关乎员工的一生。行政上通过税收政策补贴企业的福利制度虽有助于降低福利成本,但把劳动者捆绑在企业内部,阻碍了劳动力市场的流动。所以,首先要将劳动者从企业中解放出来,这是日本经济想要迈出谷底重新出发的第一步。

黑船再来：经济全球化

有种观点认为日本是"农耕民族"，所以不适应扮演企业的那种个人角色。但纲野等学者也指出所谓"百姓"（日文单词）本来就是说民众的多样性，所以农民也不是压倒性的大多数。近代以前的村落不是自给自足完全均质的农村共同体，也有一部分商人、手工业者等各类角色在村与村之间进行交易，他们一起构成了复合型的社会。而且明治维新以后引导日本实现近代化的也不是官营企业，而是民间企业的企业家们。只是当时官营事业基本上都处于亏损状态，转卖给民间之后才开始发展、盈利。

但是这样的商人和手工业者到了20世纪上半期却渐渐开始处于不利的状态之中。20世纪的生产形态发生了改变，转为垂直统合型的大企业主导生产。商人和手工业者失去了自己的独立性，被纳入大型组织。20世纪20年代直接雇用替代内部承包制成为世界潮流，工会组织开始盛行。这类卡特尔组织从市场经济原理来看是不利于竞争的，但是在经济大萧条时其合法性得到承认，企业组织不断发展后形成超大型垄断企业。

二战之后则是钱德勒所说的"看得见的手"主导的时

代。在大量生产的时代，垂直统合型的巨大企业和工会组织下的公司员工占尽优势。后来的多品种少量生产时期，日本制造业由于实现了跨岗位合作、面向市场不断改善生产，所以也显示出极高的效率。再后来的20世纪60年代，在劳资关系协调的背景之下，以终身雇用体制下的员工为中心，形成了带有农本主义性质的生活共同体——公司。

但是时代仍处在不断变化之中，而现在这个个人主义的时代或许对独立的商人和工人更为有利。过去由于服务器和通信线路等基础设备与服务之间互补性强，所以花重金打造基础设施、建立起完备的体系曾是网络商务竞争优势的根本所在，但是现在利用云计算，基础设施上所需花费急剧减少。基础设施都可以外包了，服务成本也就主要集中到人员经费上了。

相比之前背负着庞大开支的传统型媒介，现在这种自由灵活可以进行各种风险实验的形式更具竞争性。初期低投资低风险正是web2.0⊖之后的特征。所以，想要干出一番事业也不再是一锤定音式的冒险。当然可能很难做到微软或是Google这样的高度，不过相应地，由于风险小，失败之后仍有机会卷土重来。

⊖ Web2.0是相对于web1.0的新时代。Web2.0指的是一个利用web的平台，由用户主导而生成的内容互联网产品模式，更注重用户的交互作用，用户既是网站内容的浏览者，也是网站内容的制造者。

日本经济面临的问题繁多艰巨，并不是要一口气把所有问题都解决。有时候可能某一资源环节出了问题，成为整体发展的瓶颈，这个时候若集中所有的资源攻克这个瓶颈就可以实现整体状况的改善。也就是说如果现在日本经济出现问题很大程度上是由于雇用体制造成的，那么换种雇用体制就有可能实现经济整体形势的好转。日本社会的各个共同体内部结构极为稳固，历史上不论明治维新还是战败（二战），日本都是在外界（佩里的黑船或占领军）强制加压后才开始有所转变。从这个意义上来说，这次的经济不景气或许也是日本重新出发的机会。

雇用组合模式

利益分配出现问题

最近，面对雇用不稳定的局面，企业方面也开始探求雇用形式的多样化。日本经团连也提出"雇用组合模式"，指出长期雇用员工和有期雇用员工可以分别从事非定型业务与定型业务㊀。但其实这个组合有一个致命的缺陷。

㊀ 非定型业务，是需要员工根据实际情况在一定范围内随机应变、酌情处理和难以固定程序化的业务。定型业务，是在大多数情况下不需要员工斟酌，按照固定程度单纯反复操作的业务。——译者注

一般说来，金融投资组合中，收益较低的（如存款），风险也低，收益较高的（如股票），风险也高。如果存在低风险、高收入的资产，估计大家都会争相购买。结果就会造成这种资产价格上升，收益率相应下降。

也就是说金融市场的套息交易不存在"免费的午餐"。资产的风险（标准偏差）和回报（期待值）正常情况下如图 9-1 中上方线条所示，投资者中追求高回报的人所拥有的资产形式靠近图的右方，而求稳的投资者则倾向拥有图中偏左的资产。

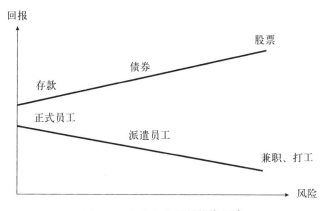

图 9-1　金融和雇用的投资组合

日本的劳动力市场由于受到硬性的解雇规制制约，正式员工的风险最小，回报（工资）最多。风险最大的合同工回报最低，回报和风险之间成了递减函数的关系，如图 9-1 中下方线条所示，呈现直线下降的趋势。所以大家都想成为低风险高回报的正式员工，没有人愿意去做高风险低回报的非正式员工。按照市场原理，正式员工的回报理应随着竞争有所下降，但是由于劳动力市场过于僵硬，正式员工的工资一直降不下来。于是就造成正式员工市场一直供大于求，没有成功加入正式员工队伍的人就只好去做高风险低回报的非正式员工了。

如果单看定型业务的话，雇用派遣劳工因为还要支付一部分佣金给劳务派遣公司，所以成本高于直接雇用，这时就接近于我们所说的雇用组合的状态：派遣劳工由于受市场变化影响随时会遭到调整或解雇，所以风险较大。而对供给方而言，解约风险越高，回报越大。有人指责劳务派遣公司的剥削行为，但是不能因为从感情上觉得不好接受，就对劳务派遣加以强化规制，而应促进劳务派遣业的发展，鼓励更多的竞争企业加入劳务派遣行业，从而降低派遣公司从中所抽取的佣金。

另外，非定型业务关乎企业战略、研发等核心业务，所以需要的是低风险、高回报的长期雇用。反过来说，这种效率工资（本章末专栏部分有详解）对企业而言是必要的支出，就算是撤去解雇规制之后也会继续留存。此外，董事的合约有效期一般是两年，所以总体来看非定型业务还是属于高风险、高回报。

如果劳动力市场富有活力、充满竞争，当低风险的简单体力劳动的供给增多时，正式员工（蓝领）的工资就会下降。拥有熟练技能的劳动者和经营者为了寻求高回报就会在各种企业之间做选择，劳动力实现自由流动，那时的情景就基本接近外资企业了。对企业而言，可以根据自身业务需要从工资和雇用形式两个方面对劳动者加以组合考察后再做选择，自由度更大。员工中正式员工和非正式员工的身份不平等问题也有望被打破。

因此，"废除解雇规制之后差距会进一步扩大"这种说法是错误的。劳动力市场开放之后，绝对的身份不平等就消失了。那些刚毕业没找着工作的人不会被一棒子打死，他们仍然有机会找到工作。当然，收入差距还是存在的。但是这是结果上的差距。我们追求的不是结果的平等而是机会的平等。所有的人，不论年龄、性别、学历，都可以获得同等的机会，即使最后在结果上有一部分人的回报较低，人们也会表示理解的，就好像从没有人会抱怨说"我买的股票赔钱是因为资本主义"。

二重构造

在日本，二战前就存在着大企业和承担分包的中小企业这种二重结构。1910年后，伴随着城市化的发展，很多人集中到大城市的工业地带，形成了一个劳力储备库，不过这时的劳力多为非熟练工。而市场上对熟练工，尤其是机械工业等领域对掌握一定技能的熟练工需求很大。如表9-3所示，一战之前，不论规模大小，各个工厂的工资水平都差不多，但是在二战期间，数值开始发生变化。而这个时候，正是劳务管理形式从间接管理转向经营者直接管理的时候。

表9-3　不同规模的工厂工资指标　　（单位：万日元）

员工人数	1909年	1914年	1932～1933年	1951年
5～9	100	100	100	100
10～19	97	94	126	110
20～29	97	94	147	122
30～49	92	88	—	133
50～99	94	90	160	148
100～499	97	91	193	188
500～	98	106	193	249

资料来源：工業統計表。

这种一战前就存在的工资、资本设备的二重构造到二战进行军需生产期间形成了以大企业为中心、中小企业分包这一系列生产结构。二战后这一系列生产结构被保留下来。没能进入大企业成为长期雇用人员的劳动者（从农村出来进城务工人员），被中小企业吸收后从事劳动密集型生产。大企业通过业务分包，间接使用廉价劳力，在降低劳动成本的同时可以有效应对市场变动。在工资方面，大企业的工资是中小企业两倍左右，这一点自经济高速增长期之后一直持续至今，没有改变。

在这种结构下，的确存在着歧视和榨取的现象，但也不能用完全消极的眼光来评价它。我们发现在日本经济高速增长期，企业规模越小，利润率（总资本利润率）越高，相关部门的停业率和开业率也高。例如，1964～1966年期间员工不满10人的制造业事务所的停业率达到了22.6%，而其他一般机械工业更是达到了41.4%。但是，新开业的企业数目是22.6%的两倍，并且企业主中中小企业出身的人占到了63%（法人统计年鉴）。可以说，在日本企业中具有"创业精神"的开拓者，绝不是那些大学毕业后就被困在大企业里的白领阶层，而是这样一群中小企业的企业主。

所以在强化雇用规制之前就一直存在的二重构造，在去规制化后应该还会继续存在。这种工资差距可以起到一种警示作用：大企业的员工一旦被解雇就只能去"低一级"的中小企业，而那里的工资会少得多。这种惩罚机制有利于防范劳动者的道德风险问题。

最近企业间的系列关系，即母公司—分包企业的这种二重结构遭到了破坏，开始转向派遣和承包这种形式。在之前的文章里也已经提过，当前技术和市场变动的幅度和速度都是以往不可想象的，日本企业已经无力在系列内做出调整加以应对了。

由于企业无法掌控应对这种变动，要想保住正式员工的岗位，就只能让非正式员工陷入不稳定的状态。规制派遣后又将出现大批兼职，雇用状态将会越来越不稳定。虎牌保温瓶伪装承包案件判决中将派遣合同终止视为雇用合同终止，强调了企业方的责任，这固然是好事。但是这种司法的温情主义只会让企业进一步减少对派遣工的使用，最终结果就是劳动者的境地将会越来越艰难。

产业政策和雇用政策的结合

二战后，为促成特定产业发展，通产省制定了"目标产业政策"，但没有起到多大的作用。后来纤维、造船等产业出现衰退迹象时实行的一系列产业政策，如废弃过剩设备和固定资产折旧制度等，促使企业更新设备，减小了产业结构转变过程中的社会成本，促进了产业结构的发展，得到一致认可。

如图 9-2 所示，可以看到现在各产业的增长率处于不均衡的状态，而通过实行一定的产业政策缓和雇用规制可以实现和促进劳动力由衰退产业向成长产业的流动。二战后，政府在处理战后经济、调整产业上发挥了很重要的作用，所以现在劳动省也可以与经产省联手共同商讨雇用政策的问题。

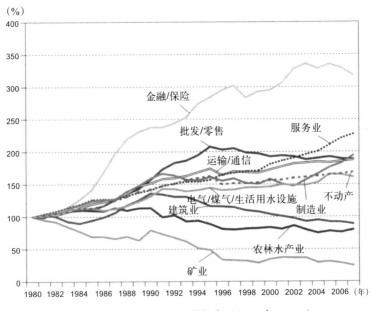

图 9-2　各产业的 GDP 增长率（1980 年 =100）

资料来源：内阁府「国民经济计算」より。

这里有两个方案可供选择。一种是美式体系，即在自由的劳动力市场上找工作。过去在日本，介绍工作只能通过公共职业安定所。放宽政策之后，民间的猎头公司增加到1万家以上。但是要从事职业介绍仍需要取得许可证，而且不能向求职人员收取费用。目前日本大部分的猎头公司属于私人独立经营，劳务人才数据库也处于分散状态。

还有一种就是北欧的模式。丹麦的做法尤为引人注目。这种集灵活（flexibility）和保障（security）于一体的做法在日本被称为flexicurity，其特点是对劳动力市场去规制化后由政府加大对再就业的援助：一方面向失业人员发放较为丰厚的救济金以保障生活，另一方面要求失业人员必须参加职业技能培训。所以丹麦虽然离职率很高，但是3年以上的长期失业率在世界主要国家中是非常低的。此外，北欧各国的人均GDP高于英语圈其他国家也得益于劳动力的流动。劳动力从生产力较低的企业向生产力较高的企业的自由流动带来了整体劳动生产力的提高。

在传统福利体系逐渐解体的今天，日本社会的安全保障体系不应再由企业来主导，而应该让位于社会。北欧积极的劳动力市场政策有很多值得参考学习的地方，要在原则上实现解雇自由，又要通过职业培训建立起一套制度推进劳动力的顺利转移，并且以上这些都不应当由工会或政府出面，而应将之放到商业层面来操作。

但是这种模式能否直接套用到日本身上还是一个很大的问题。北欧各国的人口都只有几百万人，劳动人口质量较为一致且受教育程度高。而且，在劳动者保护机制方面，有组织率高达 80%~90% 的产业工会作组织基础。而日本的组织率仅为 18%，这点不太容易效仿北欧。同样还需要注意的是，北欧全体国家都是属于高税收型，人均 GDP 均不到美国的 75%。一般说来，福利高的国家，经济效率都不怎么好。

要想将日本 6000 多万的劳动人口按照产业工会的方式重新组织，这是不大可能的。让政府向这些劳动者提供无微不至的关怀，政府也会吃不消。另外，北欧方面实行的是同工同酬的原则，年金／退休金制度也是实行个人账户制度，所以换工作时不会有太多的障碍。但是在实行年功序列制度的日本，要想做到同工同酬是非常困难的。

现在，厚生劳动省也在进行一些职业培训。但由于总是受制于长期雇用等于最为理想的雇用状态这一传统想法，认为换工作总是迫不得已才会面对的事情，所以这种培训的开展也仅限于小范围，影响力很小。在日本，职业培训中所占比重较大的是企业自己进行的企业内部培训（OJT），政府主导的职业培训基本上是走形式，效果不大。所以首先应该从思想上进行指导，不再将长期雇用视为最理想的状态，让员工坦然甚至欣然面对换工作的问题，然后再向劳动者提供技能培训。

另外，现在私立大学的实际招生不到计划招生的一半，面临着经营危机。大学升学率达到或超过一半时，大学的基本职能就不再是研究机构了，而应转为为培养专门人才进行职业化教育。正如综合研究开发机构（NIRA）所建议的那样，重新定义大学、文部省等功能，充分发挥大学的作用，让大学同企业联手以产学结合的形式为企业培养人才。

·········· 延伸阅读 ··········

效率工资

正式员工和非正式员工的工资存在差距，这是世界各地都有的现象。这一现象可以用效率工资理论加以说明：经营者和劳动者之间存在着非对称信息，经营者向核心劳动者支付高于劳动生产率的工资来防止劳动者出现偷懒等败德行为。一旦经营者发现劳动者有败德行为解雇劳动者后，劳动者就只能在外部劳动力市场另谋机会，但届时获取的工资将会低于实际劳动生产率，所以这个制度可以督促劳动者自发向企业尽忠。

日本的年功序列制或二重构造也可以用效率工资理论来理解。非正式员工的计时工资虽然符合劳动生产率，但是大企业的白领或管理阶层的正式员工的工资要远远高于劳动生产率。长期以来，日本企业就是这样通过向正式员工发放高工资来稳定人力资源的，如果忽略此点，生搬硬套实行"成果主义"是会引发大混乱的。

出现身份不平等是因为解雇规制对正式员工的保护过度，超过了效率工资合理水平。当正式员工几乎不可能遭遇解雇时，劳动力市场上的二重构造固化，年轻人被排除在劳动力市场之外。若能撤销这些雇用规制，就能消除企业解雇正式员工所要承受的风险。对核心劳动者仍然采用长期雇用的方式，而对非核心的劳动者也不必支付高额的派遣而是可以改为签订合同，实现直接雇用。

后 记

日本已经是一个经济发展成熟的大国了，要想维持经济持续的高速发展是不可能的，而且现在人们也未必期待它的高速发展。据多份调查数据显示，人均GDP和"幸福度"没有太大关联。日本的人均收入水平很高但是幸福度指数在世界上的排名为90位左右。较之单纯的财富增长，更多人期待的是生活的安定和社会的公平。所以现在这个时期，不能只想着怎么去增加收入，而是应去考虑如何提高生活质量。

　　经济学从单纯的功利主义出发将幸福（welfare）和财富（wealth）视为等同，所以一直以来经济学的目的都是在追求资源分配的效率问题（也就是实现财富的最大化）。但事实并不是这样的。行动经济学的实验已经证明更多人更看重的是公平而非效率。经济学一直将效率和公平分开讨论,但实际上这两者是一对矛盾。

最典型的例子就是现在日本正面临着的社会问题:不平等(身份不平等)。之前日本的年功序列体制之下实行的工资体系是企业同年轻的劳动者之间达成默认的契约:为提高年轻劳动者的劳动积极性,向他们保证年老之后可以得到不平等(超过边际生产力)的工资以获得生活上的保障。在这里,效率和公平实现了统一:劳动者年轻的时候向公司里"存钱",年老了从公司取钱,终其一生,达到一个平衡。这种公平是以劳动者的一生为单位的。

但是现在市场的变化周期的单位已经变成了几年。在这样的情况之下还想继续之前那种跨度长达几十年的契约就相当难了。再加上协约还是默认的,这意味着企业如果中途毁约,劳动者将无处申诉。所以日本的工会只有竭尽全力保障这种默认契约的延续,保障已签约的劳动者不被辞退,哪怕劳动者年事已高,已经成为公司的闲置人员。最后雇主选择了削减新进劳动者的雇用量这种做法,实际上这是将负担转嫁到年轻一代的身上。

劳动问题的特点在于其处理对象不是物化的产品而是人,所以处理这个问题时不能套用通常的市场机制。尤其是现代社会，已经告别了奴隶制时代，企业没有劳动力的所有权，所以和劳动者之间不是单纯的人身买卖关系而只能是长期的雇用关系。但劳动力需求的变动以及技术革新的步伐越来越快，长周期的劳动力市场和短周期的最终产品市场之间这种周期单位的矛盾已经越来越尖锐。

这种变化自20世纪80年代以来就开始受到关注。就像摩尔定律揭示的那样，当信息技术的革新使得劳动力的剩余成为必然时，20世纪前半期形成的这种调节机制即工会已经无力处理了。此时进入人们眼帘的是资本市场带来的公司控制权的转移。企业收购本身并不是什么新奇的事情，20世纪之初，像通用汽车这些垂直统合型企业也是企业收购的产物。只不过在当时，企业收购一直被认为是一种扩大企业规模，扩大经营范围，用"看得见的手"实现市场支配的一种手法。

但是20世纪80年代以后，出现了LBO这种形式，其目的是缩小企业的规模，将资本集中于核心部门，提高资本使用效率。由于这种行为破坏了劳动者和企业之间默认的契约，所以引起了很多批评的声音，认为企业夺走了劳动者的人力资本投资。但是迈克尔·詹森认为，为应对瞬息万变的资本主义，企业有必要打破之前的那种契约进行企业收购和卖出。

可是日本的资本主义却恰恰相反，将经营者和劳动者之间的默认契约置于优先地位，完全不考虑资本效率的问题。这与交叉持股带来的股东对资本效率监督力过弱这一问题有关，更基本的原因在于日本的公司一直以来都是以劳资共同体这一形式运行的。

20世纪70年代之前，这种企业系列体制能灵活应对市场变动，是日本竞争优势的源泉。这种企业调整机制在应对资源价格还有需求水准出现变动这种渐变式的变化方面显得游刃有余，但对现在信息产业中国际分工的构造变化以及新兴国家制造的超低价冲击却无能为力。这时，通过解体或是重组既存的企业来实现新旧企业更新换代等资本市场机制就会变得有效。可是日本的劳资双方对这种变化都显示出极度的恐惧。

日本的经团连一直以来极力反对海外企业通过股票交换并购日本企业，并将2005年通过的《公司法》的修订延期2年实施。他们害怕外资进来是因为日本公司的资本效率（股票也一样）过低。用Google公司一成的股票就可以通过股票交换将整个日立集团买下来。

日本的经营者和工会串通一气在削减公司新进员工一事

上达成一致，将非正式员工作为调节缓冲的工具。结果就是现在日本社会的身份不平等固定化的问题：出现了"新士农工商"等级。但是政治家们并没有注意到这一点，只是一个劲儿地关注眼前的问题，以"恢复经济""缩小差距"之名，实行低效浪费的财政支出。现在重要的不是对差距已经趋向缩小的收入进行再分配的问题，而是对资源进行再分配，资源分配问题才是日本经济长期停滞的真正原因所在。最关键是要把人才从衰退产业中解放出来，实现人才向成长产业的转移，另外还必须重整竞争力低下的企业，调整产业构造以适应第三次产业革命的要求。

二战后日本的制造业高速发展，竞争优势明显，创造了大量的财富。承担起财富再分配这一职能的是政治，官僚机构的权力也正是来源于此。但是到了20世纪90年代，形势已经发生了根本性的变化，带动日本经济发展的出口产业受到了全球化的威胁，竞争力大不如前。在这种情况之下，如果还延续之前的"政治分配"，就会出现下代人为上代人买单的局面，上一代人享受了经济发展的果实之后，拍拍手走人了。现在日本社会上年轻人之间弥漫的闭塞感也正是源于他们对上一代人的不信任。

所以现在已经到了非常关键的时期，必须改革这种不公正且低效率的经济构造。实行再分配需要有经济发展做资金保障。所以这里首先需要能够确保经济发展的经济政策。而日本经济长期停滞的根本原因在于（如本书所论证的一样）人们对于未来的不安。要消除这种不安，唤起整个社会的生机，就必须让人们重拾信心，让他们相信人人享有机会，相信付出努力就会有回报。

这里不需要巨额的财政支出，需要的是重新审视二战后延续至今的产业结构。要改变这种僵硬的资源分配体系，通过规制改革和制度重建，充分发挥资本市场和劳动力市场的作用。要意识到这种政治主导的产业结构已经过时，撤去种种既得权利，发挥市场的作用，淘汰效率低下的企业。另外，现在这种效率低下且欠缺公平的福利政策是无法实现对社会"弱势群体"的救助和保障的，唯有负所得税那种透明的制度才能实现持久有效的运营。

"改变官僚主导政治"，这是改革的手段而不是目的。正如本书所说，这种国家的形态源于日本资本主义发展之初，已经渗透到日本社会深处。这不是改变法律就可以解决的简单问题，可能要花上数十年的时间。而这首先需要日本的领导者认识到这种大规模变化的必要性，可现在日本还没能看清起跑线在哪儿。

之前黑船来袭以及战败之际,每一个生死存亡的关头,总会有一个优秀的领导者出现,带领着全体国民一起进行彻底的改革。可是现在,不论是20世纪90年代的小泽一郎,还是2000年的小泉纯一郎,改革推到一半后就怎么也走不下去,或许经济高速发展期间留下的财富在客观上起到了缓冲的作用。但如果经济长期停滞超过10年,这种缓冲资源会日渐枯竭,或许从今以后社会各界就能达成一致、协力改革了。因此,对于现在的日本而言缺少的不是希望,而是逼迫人们穷则思变的绝望。

推荐阅读

序号	中文书号	中文书名	定价
1	69645	敢于梦想：Tiger21创始人写给创业者的40堂必修课	79
2	69262	通向成功的交易心理学	79
3	68534	价值投资的五大关键	80
4	68207	比尔·米勒投资之道	80
5	67245	趋势跟踪（原书第5版）	159
6	67124	巴菲特的嘉年华：伯克希尔股东大会的故事	79
7	66880	巴菲特之道（原书第3版）（典藏版）	79
8	66784	短线交易秘诀（典藏版）	80
9	66522	21条颠扑不破的交易真理	59
10	66445	巴菲特的投资组合（典藏版）	59
11	66382	短线狙击手：高胜率短线交易秘诀	79
12	66200	格雷厄姆成长股投资策略	69
13	66178	行为投资原则	69
14	66022	炒掉你的股票分析师：证券分析从入门到实战（原书第2版）	79
15	65509	格雷厄姆精选集：演说、文章及纽约金融学院讲义实录	69
16	65413	与天为敌：一部人类风险探索史（典藏版）	89
17	65175	驾驭交易（原书第3版）	129
18	65140	大钱细思：优秀投资者如何思考和决断	89
19	64140	投资策略实战分析（原书第4版·典藏版）	159
20	64043	巴菲特的第一桶金	79
21	63530	股市奇才：华尔街50年市场智慧	69
22	63388	交易心理分析2.0：从交易训练到流程设计	99
23	63200	金融交易圣经II:交易心智修炼	49
24	63137	经典技术分析（原书第3版）（下）	89
25	63136	经典技术分析（原书第3版）（上）	89
26	62844	大熊市启示录：百年金融史中的超级恐慌与机会（原书第4版）	80
27	62684	市场永远是对的：顺势投资的十大准则	69
28	62120	行为金融与投资心理学（原书第6版）	59
29	61637	蜡烛图方法：从入门到精通（原书第2版）	60
30	61156	期货狙击手：交易赢家的21周操盘手记	80
31	61155	投资交易心理分析（典藏版）	69
32	61152	有效资产管理（典藏版）	59
33	61148	客户的游艇在哪里：华尔街奇谈（典藏版）	39
34	61075	跨市场交易策略（典藏版）	69
35	61044	对冲基金怪杰（典藏版）	80
36	61008	专业投机原理（典藏版）	99
37	60980	价值投资的秘密：小投资者战胜基金经理的长线方法	49
38	60649	投资思想史（典藏版）	99
39	60644	金融交易圣经：发现你的赚钱天才	69
40	60546	证券混沌操作法：股票、期货及外汇交易的低风险获利指南（典藏版）	59
41	60457	外汇交易的10堂必修课（典藏版）	49
42	60415	击败庄家：21点的有利策略	59
43	60383	超级强势股：如何投资小盘价值成长股（典藏版）	59
44	60332	金融怪杰：华尔街的顶级交易员（典藏版）	80
45	60298	彼得·林奇教你理财（典藏版）	59
46	60234	日本蜡烛图技术新解（典藏版）	60
47	60233	股市长线法宝（典藏版）	80
48	60232	股票投资的24堂必修课（典藏版）	45
49	60213	蜡烛图精解：股票和期货交易的永恒技术（典藏版）	88
50	60070	在股市大崩溃前抛出的人：巴鲁克自传（典藏版）	69
51	60024	约翰·聂夫的成功投资（典藏版）	69
52	59948	投资者的未来（典藏版）	80
53	59832	沃伦·巴菲特如是说	59
54	59766	笑傲股市（原书第4版.典藏版）	99

推荐阅读

序号	中文书号	中文书名	定价
55	59686	金钱传奇:科斯托拉尼的投资哲学	59
56	59592	证券投资课	59
57	59210	巴菲特致股东的信:投资者和公司高管教程(原书第4版)	99
58	59073	彼得·林奇的成功投资(典藏版)	80
59	59022	战胜华尔街(典藏版)	80
60	58971	市场真相:看不见的手与脱缰的马	69
61	58822	积极型资产配置指南:经济周期分析与六阶段投资时钟	69
62	58428	麦克米伦谈期权(原书第2版)	120
63	58427	漫步华尔街(原书第11版)	56
64	58249	股市趋势技术分析(原书第10版)	168
65	57882	赌神数学家:战胜拉斯维加斯和金融市场的财富公式	59
66	57801	华尔街之舞:图解金融市场的周期与趋势	69
67	57535	哈利·布朗的永久投资组合:无惧市场波动的不败投资法	69
68	57133	憨夺型投资者	39
69	57116	高胜算操盘:成功交易员完全教程	69
70	56972	以交易为生(原书第2版)	36
71	56618	证券投资心理学	49
72	55876	技术分析与股市盈利预测:技术分析科学之父沙巴克经典教程	80
73	55569	机械式交易系统:原理、构建与实战	80
74	54670	交易择时技术分析:RSI、波浪理论、斐波纳契预测及复合指标的综合运用(原书第2版)	59
75	54668	交易圣经	89
76	54560	证券投机的艺术	59
77	54332	择时与选股	45
78	52601	技术分析(原书第5版)	100
79	52433	缺口技术分析:让缺口变为股票的盈利	59
80	49893	现代证券分析	80
81	49646	查理·芒格的智慧:投资的格栅理论(原书第2版)	49
82	49259	实证技术分析	75
83	48856	期权投资策略(原书第5版)	169
84	48513	简易期权(原书第3版)	59
85	47906	赢得输家的游戏:精英投资者如何击败市场(原书第6版)	45
86	44995	走进我的交易室	55
87	44711	黄金屋:宏观对冲基金顶尖交易者的掘金之道(增订版)	59
88	44062	马丁·惠特曼的价值投资方法:回归基本面	49
89	44059	期权入门与精通:投机获利与风险管理(原书第2版)	49
90	43956	以交易为生II:卖出的艺术	55
91	42750	投资在第二个失去的十年	49
92	41474	逆向投资策略	59
93	33175	艾略特名著集(珍藏版)	32
94	32872	向格雷厄姆学思考,向巴菲特学投资	38
95	32473	向最伟大的股票作手学习	36
96	31377	解读华尔街(原书第5版)	48
97	31016	艾略特波浪理论:市场行为的关键(珍藏版)	38
98	30978	恐慌与机会:如何把握股市动荡中的风险和机遇	36
99	30633	超级金钱(珍藏版)	36
100	30630	华尔街50年(珍藏版)	38
101	30629	股市心理博弈(珍藏版)	58
102	30628	通向财务自由之路(珍藏版)	69
103	30604	投资新革命(珍藏版)	36
104	30250	江恩华尔街45年(修订版)	36
105	30248	如何从商品期货贸易中获利(修订版)	58
106	30244	股市晴雨表(珍藏版)	38
107	30243	投机与骗局(修订版)	36